农业机械及其自动化国家级特色专业示范教材

汽车(拖 拉 机)构造 实验指导书

主　编　陈黎卿
副主编　郭　微　凤鹏飞　肖　平
主　审　郑　泉

合肥工业大学出版社

前　言

《汽车(拖拉机)构造实验指导书》是农业机械及其自动化和车辆工程等专业的实验核心课程。本实验课程主要任务是从应用和实践的角度出发,使学生掌握汽车(拖拉机)各工作系统的正确使用、调整和实验的技能,以满足现代社会对工程类人才需要具有较强动手能力的要求。

本书是根据编者在安徽农业大学承担本科生"汽车拖拉机构造学"实验课程所用讲稿的基础上整理、改编而成。本书共分三部分内容,其中第一部分主要是汽车发动机方面实验的知识,第二部分主要是汽车底盘方面实验的知识,第三部分是汽车电器与电子设备方面实验的知识,涵盖了汽车(拖拉机)构造中所有总成部件的拆装、调整工艺,同时开设了8个综合性实验项目,以达到提高学生运用所学知识的综合运用能力的目的。

本书由安徽农业大学陈黎卿担任主编,安徽水利水电职业技术学院郭微、安徽三联学院凤鹏飞和安徽工程大学肖平担任副主编,安徽农业大学郑泉教授担任主审。参加编写的人员还有合肥工业大学李强和安徽建筑工业学院陈雪辉,研究生鲁磊、王钰明、齐兵、谢佳志和范怀斌在书稿整理过程中做了大量的工作,在此表示感谢。

本书在编写过程中,参阅了大量参考书和文献资料,受益匪浅,在此向有关作者表示衷心的感谢!

由于编者水平有限,殷切期望广大读者对书中误漏之处给予批评指正。

编　者

2011年5月

目　录

第一部分　发动机实验

第二部分　汽车底盘构造实验

第三部分　汽车电器与电子设备实验

第一部分　发动机实验

实验一　发动机总体认识

一、实验目的与要求

1. 了解汽车发动机各系统的组成；

2. 初步认识汽车发动机主要部件的名称、外形及安装联接；

3. 初步了解汽车发动机的工作过程。

二、实验内容

1. 汽油发动机总体构造

汽油发动机由曲柄连杆机构、配气机构、燃油供给系统、冷却系统、润滑系统、点火系统、起动系统组成。

2. 曲柄连杆机构组成

曲柄连杆机构是发动机实现工作循环，完成能量转换的主要运动零件。它由机体组、活塞连杆组和曲轴飞轮组等组成。在做功行程中，活塞承受燃气压力在气缸内做直线运动，通过连杆转换成曲轴的旋转运动，并从曲轴对外输出动力。而在进气、压缩和排气行程中，飞轮释放能量又把曲轴的旋转运动转化成活塞的直线运动。结构如图 1-1-1 所示。

图 1-1-1　曲柄连杆机构组成

3. 配气机构组成

配气机构的功用是根据发动机的工作顺序和工作过程，定时开启和关闭进气门和排气门，使可燃混合气或空气进入气缸，并使废气从气缸内排出，实现换气过程。配气机构大多采用顶置气门式配气机构，一般由气门组、气门传动组和气门驱动组组成，如图 1-1-2 所示。

图 1-1-2　配气机构组成

4. 燃油供给系统的组成及油路

汽油机燃料供给系统的功用是根据发动机的要求，配制出一定数量和浓度的混合气，供入气缸，并将燃烧后的废气从气缸内排到大气中去；柴油机燃料供给系统的功用是把柴油和空气分别供入气缸，在燃烧室内形成混合气并燃烧，最后将燃烧后的废气排出。

5. 冷却系统的组成及水路

冷却系统的功用是将受热零件吸收的部分热量及时散发出去,保证发动机在最适宜的温度状态下工作。水冷发动机的冷却系统通常由冷却水套、水泵、风扇、水箱、节温器等组成,如图 1-1-3 所示。

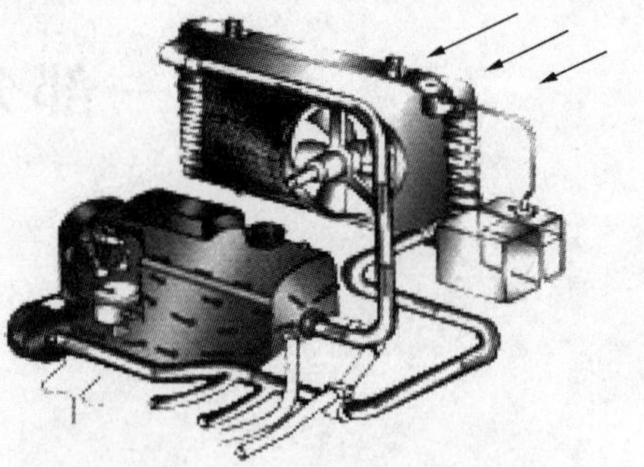

图 1-1-3　冷却系统的组成

6. 润滑系统的组成及油路

润滑系统的功用是向作相对运动的零件表面输送定量的清洁润滑油,以实现液体摩擦,减小摩擦阻力,减轻机件的磨损,并对零件表面进行清洗和冷却。润滑系统通常由润滑油道、机油泵、机油滤清器和一些阀门组成。

三、实验设备

1. 装备齐全的汽油发动机和柴油发动机各若干台;
2. 能运转的发动机解剖教具 1 台;
3. 发动机及各系统的电动示教板 1 套。

四、实验方法及步骤

1. 每班分成若干小组,分三个内容进行实训:一个大组进行汽车发动机整体及外围部件认识,一个大组进行发动机内部主要部件的认识,一个大组通过透明教具、解剖教具、电动示教板了解发动机及各系统的工作过程。

2. 课内实验时以指导老师讲解、演示为辅,学生动手拆装为主。课外时间学生根据实验报告的要求,完成实验内容。

五、实验技能测试

结合相关发动机说出各部件的名称、组成零件和功用。

实验二　机体组的拆装与调整

一、实验目的与要求

1. 了解机体组的主体结构；
2. 初步认识机体组主要部件的名称和外形；
3. 掌握正确的拆装顺序、要求和方法。

二、实验内容

1. 气缸体的拆装；
2. 气缸盖的拆装。

三、实验设备

1. 气缸若干套；
2. 工具若干套。

四、实验方法及步骤

1. 气缸体的拆卸

(1)气缸体的分解图(图 1-2-1)

(2)气缸体的拆卸步骤

① 放掉冷却液和机油。

② 将发动机放在工作台上。

③ 拆下发动机。

④ 拆下缸盖、油底壳及正时链条。

⑤ 同连杆一起拆下活塞。在分解活塞及连杆时，先取下卡环，然后将活塞加热至 60℃～70℃，或在室温下使用活塞销压力台拆下活塞销。

⑥ 拆下后油封保持器。

a. 当不需要更换活塞环时，确认活塞环安装于初始位置。

b. 更换活塞环时，若无打印标记，可随意哪边向上安装。

⑦ 拆下主轴承架、轴承盖及曲轴。

a. 在拆下主轴承架、轴承盖之前，测量曲轴端向窜动量。

b. 螺栓应分 2～3 次拧松，如图 1-2-2 所示。

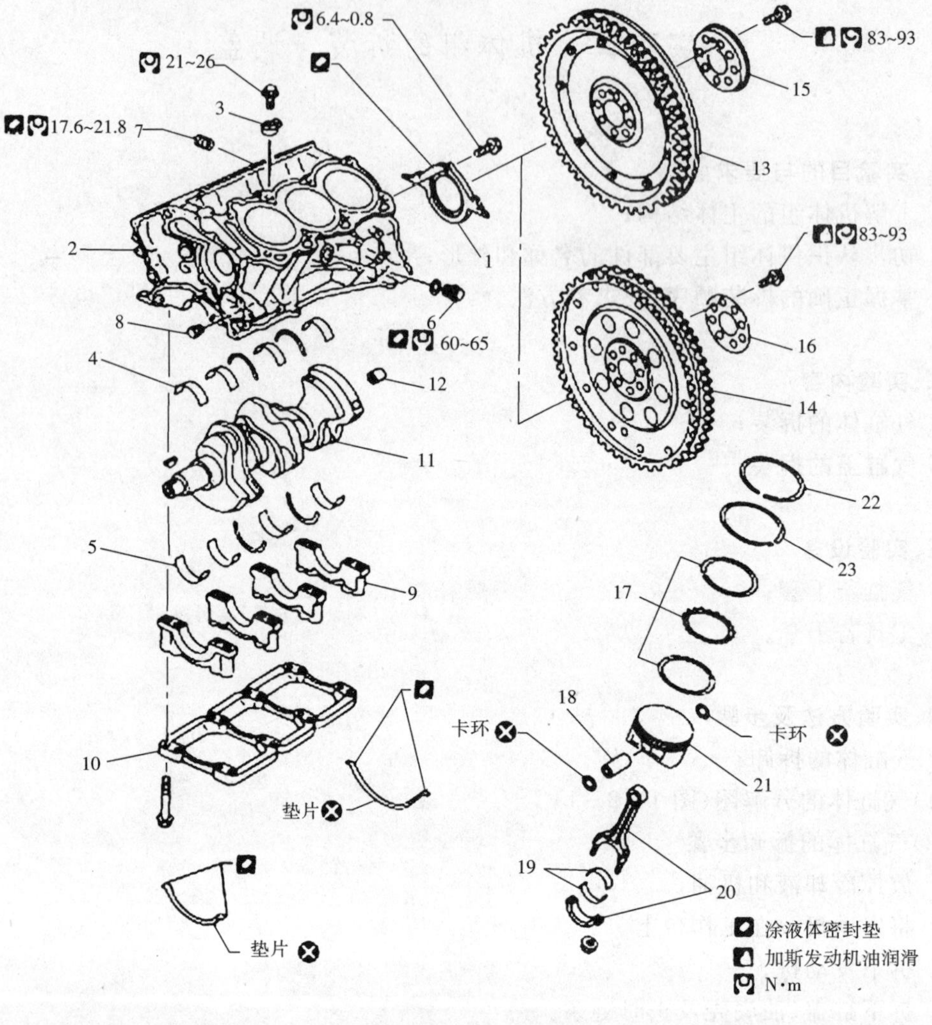

图 1-2-1　缸体的分解

1—后油封保持器;2—缸体;3—爆震传感器;4—上主轴承;5—下主轴承;6—放水塞(左侧);7—放水塞(右侧);8—放水塞(水泵侧);9—主轴承盖;10—主轴承架(VQ30DE 发动机);11—曲轴;12—导向衬套或导向转换器;13—带信号盘飞轮(M/T 型);14—带信号盘驱动盘(A/T)型;15—飞轮加固盘;16—驱动盘加固盘;17—机油环;18—活塞销;19—连杆轴承;20—连杆;21—活塞;22—顶环;23—第 2 环

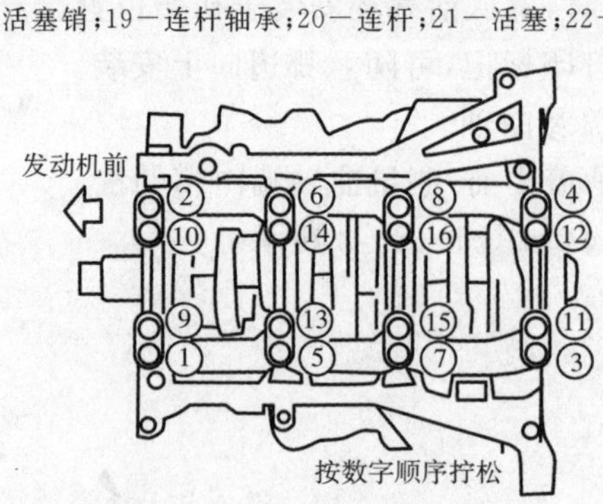

图 1-2-2　螺栓拆卸顺序

2. 气缸盖的拆卸

(1)气缸盖的分解图

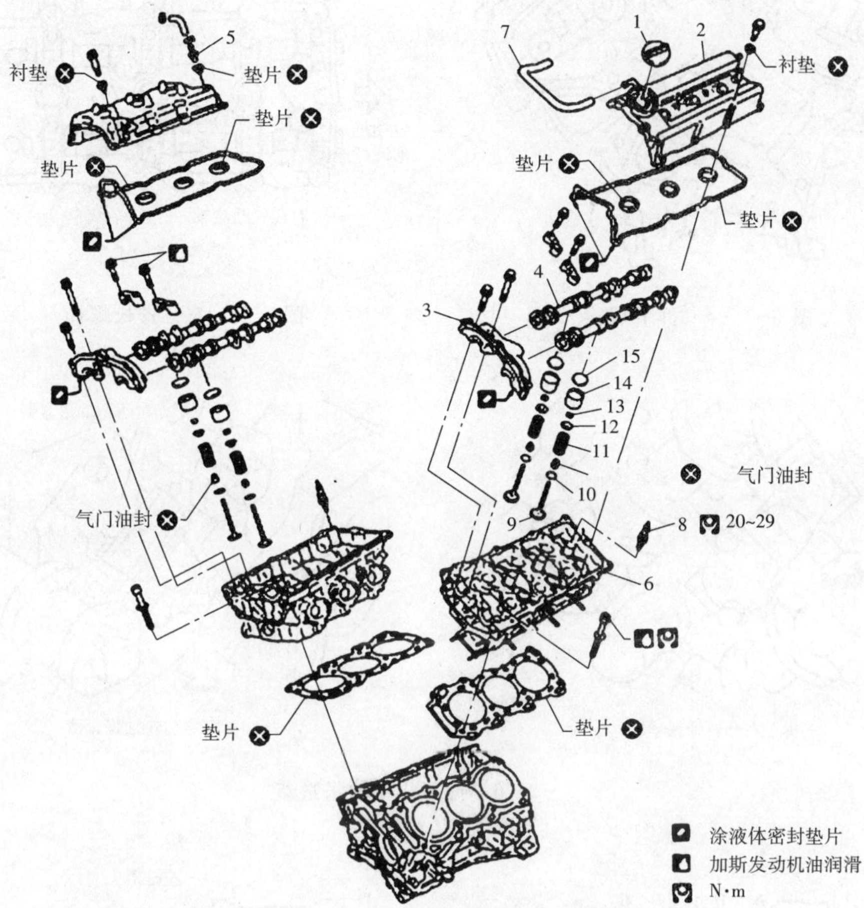

图 1-2-3　气缸盖的分解

1—机油滤清器；2—摇臂室罩；3—凸轮轴支架；4—凸轮轴；5—PCV 阀；6—缸盖；7—通风管；8—火花塞；9—气门；10—气门弹簧座；11—气门弹簧；12—气门弹簧保持器；13—气门锁块；14—气门挺杆；15—垫片

(2)气缸盖的分解

① 拆下后正时链条室螺栓，如图 1-2-4 所示。

② 拆下后正时链条室。

③ 拆下进气和排气凸轮轴和凸轮轴支架。如图 1-2-5 所示，按数字顺序分几步拧松凸轮轴支架螺栓。为了重新安装，在拆卸前必须在凸轮轴支架上做标记。

④ 拆下气门零部件。

⑤ 从缸盖上拆下左右凸轮轴张紧器，如图 1-2-6 所示。

⑥ 拆下缸盖螺栓，如图 1-2-7 所示。缸盖螺栓应分两到三步松开，拆卸顺序不正确可能会造成缸盖翘曲或裂纹。

⑦ 拆下缸盖。

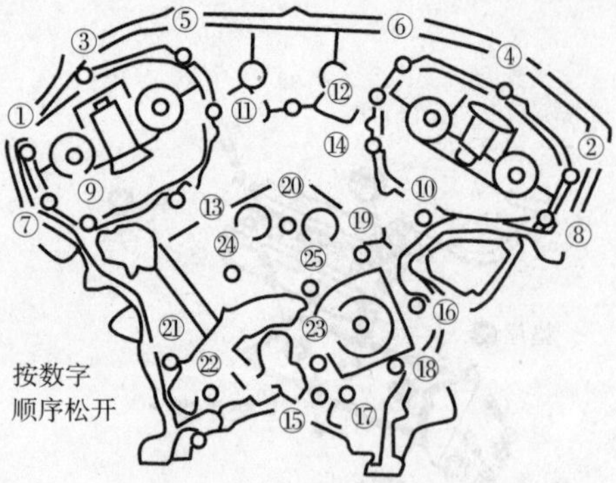

图 1-2-4　拆下螺栓

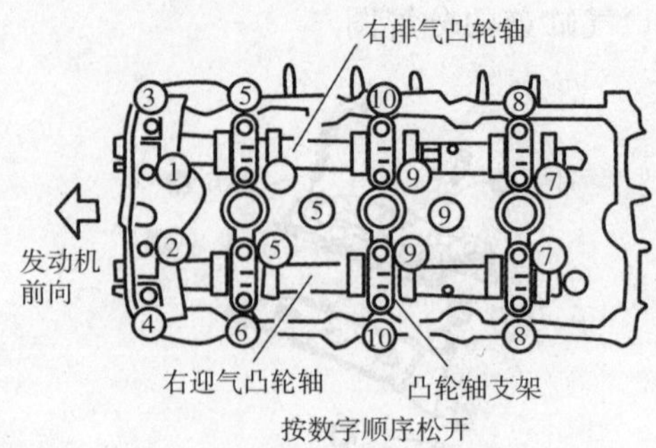

图 1-2-5　拧松螺栓

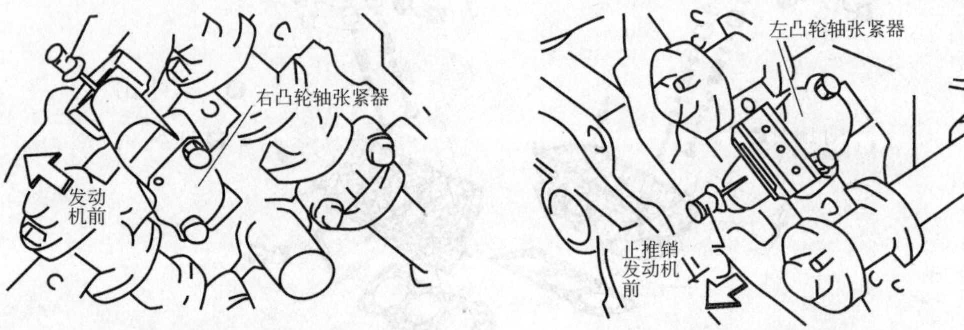

(a)拆下右凸轮轴张紧器　(b)拆下左凸轮轴张紧器

图 1-2-6　拆下凸轮轴张紧器

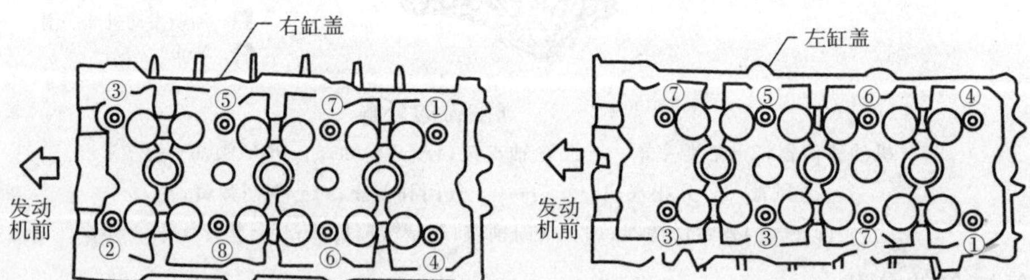

(a)拆下右缸盖螺栓　(b)拆下左缸盖螺栓

图 1-2-7　拆下缸盖螺栓

五、实验技能测试

通过实验掌握机体组的整体结构并分析气缸的工作过程。

实验三　曲柄连杆机构的拆装与调整

一、实验目的与要求

1. 熟悉曲柄连杆机构的组成及其各主要机件构造、作用与装配关系；
2. 熟悉发动机的工作顺序和连杆轴颈排列方式，掌握曲轴轴向定位和防漏方法；
3. 掌握活塞环的检查方式与步骤；
4. 掌握正确的拆装顺序、要求和方法。

二、实验内容

1. 发动机曲柄连杆机构的拆卸；
2. 发动机曲柄连杆机构的装配。

三、实验设备

1. 曲柄连杆机构若干套；
2. 工具若干套。

四、实验方法及步骤

1. 曲柄连杆机构的拆卸

拆卸曲柄连杆机构机件时，应先将发动机外部机件拆卸，如分电器、发电机及 V 带、水泵、化油器、汽油泵、起动机和机油滤清器等。对于 AFE 电控汽油喷射发动机应拆卸节气门体、怠速稳定阀及燃油分配器等，然后分解正时齿形带机构。先拆下齿形带护罩，转动曲轴使第一缸活塞处于压缩行程上止点，检查正时记号，凸轮轴正时齿形皮带轮上标记须与气门罩盖平面对齐。最后拆下张紧装置，拆下齿形带。

(1)拆下气缸盖

① 旋出气门罩盖的螺栓，取下气门罩盖和挡油罩；

② 松下张紧轮螺母，取下张紧轮；

③ 拆下进、排气歧管；

④ 按要求顺序旋松气缸盖螺栓，并取下气缸盖和气缸盖衬垫；

⑤ 拆下火花塞。

(2)拆下并分解曲轴连杆机构

① 拆下油底壳、机油滤网、浮子和机油泵。

② 拆下曲轴带轮。

③ 拧下曲轴正时齿带轮固定螺栓，取下曲轴正时齿带轮。

④ 拧下中间轴齿带轮的固定螺栓，取下中间齿带轮；拆卸密封凸缘，取出中间轴。

⑤ 拆卸前油封和前油封凸缘。

⑥ 拆卸离合器压盘总成及飞轮总成，为保证其动平衡，应在飞轮与离合器壳上作装配

记号。

⑦ 拆下活塞连杆组件：

拆下活塞连杆组件前，应检查连杆大端的轴向间隙，该车极限间隙值为 0.37 mm，大于此值应更换连杆。拆下连杆轴承盖，将活塞连杆组从气缸中抽出。

拆下活塞连杆组后，注意连杆、连杆大头盖和活塞上的记号应与气缸的序号一致，如无记号，则应重新打印。

⑧ 检查曲轴轴向间隙，极限轴向间隙为 0.25 mm，超过此值，应更换止推垫圈。

⑨按规定顺序松开主轴承盖螺栓，拆下主轴承盖，取下曲轴。

⑩分解活塞连杆组件。

2. 曲柄连杆机构的装配

曲柄连杆机构的装配质量直接关系到发动机的工作性能，因此，装合时须注意下列事项：

① 各零部件应彻底清洗，压缩空气吹干，油道孔保持畅通。

② 对于一些配合工作面(如气缸壁、活塞、活塞环、轴颈和轴承、挺杆等)，装合前要涂以润滑油。

③ 对于有位置、方向和平衡要求的机件，必须注意装配记号和平衡记号，确保安装关系正确和动平衡要求，如正时链条、链轮、活塞、飞轮和离合器总成等。

④ 螺栓、螺母必须按规定的力矩分次按序拧紧。螺栓、螺母、垫片等应齐全，以满足其完整性和完好性。

⑤ 使用专用工具。

安装顺序一般和拆卸顺序相反。

(1)活塞连杆组的装合

① 将同一缸号的活塞和连杆放在一起，如连杆无缸号标记，应在连杆杆身上打印所属缸号标记；

② 将活塞顶部的朝前“箭头”标记和连杆杆身上的朝前“浇铸”标记对准；

③ 将涂有机油的活塞销，用大拇指压入活塞销孔和连杆铜套中，如压不进去，可用热装合法装配；

④ 活塞销装上后，要保证其与铜套的配合间隙为 0.003～0.008 mm，经验检验法是用手晃动活塞销与销孔铜套无间隙感，活塞销垂直向下时又不会从销孔或铜套中滑出(注意铜套与连杆油孔对正)；

⑤ 安装活塞销卡环；

⑥ 用活塞环专用工具安装活塞环，先装油环，再装第二道环，最后装第一道环，环的上下面不能装错，标记“TOP”朝活塞顶；

⑦ 检查活塞环的侧隙、端隙。

(2)曲轴的安装

① 将有油槽的上轴瓦装入缸体，使轴承上油槽与缸体上轴承座上的油道口对正。注意上、下轴承不能装反，第三道轴承为推力轴承，然后将各道轴承涂上少许润滑油。

② 将曲轴平稳地放入缸体承孔。

③ 插入半圆止推环(曲轴第三道环主轴颈上),注意上下环不能装错,有开口的用于气缸体且开口必须朝轴承。

④ 按轴承盖上打印的 1、2、3、4、5 标记,由前向后顺序安装。

⑤ 曲轴轴承盖螺栓应由中间向两边交叉、对称,分三次拧紧,最后紧固力矩为65 N·m。轴承盖紧固后,曲轴转动应平滑自如,其 3 号轴承轴向间隙应为 0.07～0.17 mm,径向间隙应为 0.030～0.080 mm。

⑥ 安装带轮端曲轴油封和飞轮端曲轴油封。

⑦ 装入中间轴,检查其轴向间隙应小于 0.25 mm,径向间隙为 0.025～0.066 mm 为合格。

⑧ 安装飞轮,使用涂有 D6 防松胶的螺栓紧固,紧固力矩为 75 N·m 。

(3)活塞连杆组装入气缸

① 将活塞环开口错开 120°。

② 用活塞环卡箍收紧各道活塞环,将活塞连杆组平稳、小心地插入气缸,装配时注意活塞顶部的箭头应朝向发动机前端。

③ 安装轴承及轴承盖。轴承安装时应注意其定位及安装位置;连杆盖安装时也应注意安装标记和缸号不能装错,然后交替拧紧连杆螺栓,紧固力矩为 30 N·m,紧固后再转动 180°。

④ 检查连杆大端的轴向间隙,应在 0.08～0.24 mm 之间。

(4)气缸盖的安装

① 安装气门、凸轮轴和油封等;

② 安放气缸盖衬垫时,应检查其技术状况,注意安装方向,标有“OPENTOP”的字样应朝向气缸盖;

③ 将定位螺栓旋入第 8 号和第 10 号孔;

④ 放好气缸盖,用手拧入其余 8 个螺栓,再旋出两个定位螺栓,最后再旋入 8 和 10 号螺栓;

⑤ 按规定顺序由中间向两边交叉对称分四次拧紧,拧紧规定力矩;

⑥ 安装缸盖时,曲轴不可置于上止点(否则可能会损伤气门或活塞顶部),应在曲轴任何一个连杆轴颈处于上止点后,再倒转 1/4 转;

⑦ 安装气门罩盖,其紧固力矩为 10 N·m。

3. 活塞环的检查

活塞环检查的项目有弹力检查、“漏光度”检查和“三隙”检查。

(1)活塞环的弹力检查(图 1-3-1)

活塞环与气缸内壁应有一定的压力,使环的周围均匀地压在气缸壁上。弹力过大,增加摩擦损耗;弹力过小,不能起到良好的密封作用,会引起气缸的漏气、窜油。进行检测时,将活塞环放在弹力检测器上,把活

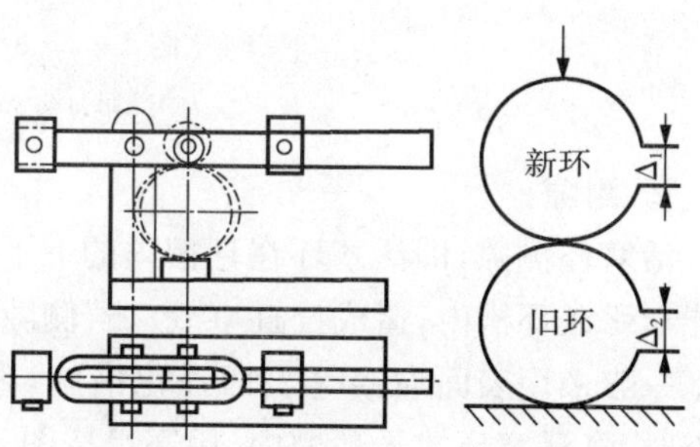

图 1-3-1　活塞环的弹力检查

塞环的开口间隙放置在水平位置，移动检查器上的量块，当把活塞环开口间隙压缩至标准数值时，弹力应符合各机型的规定要求。如奥迪轿车发动机第一道气环弹力为8.5～12.8 N，第二道气环弹力为7.5～11.3 N，油环弹力为35～52.5 N。

(2)活塞环的漏光检查

活塞环漏光检查的目的是察看活塞环与气缸壁的贴合情况，漏光度过大，活塞环局部接触面积小，易造成漏气和润滑油上窜。选配时，必须进行漏光检查，检查时将活塞环平放在气缸内，在活塞环的下边放一个发亮的灯，活塞环上面放一块盖板，盖住活塞环的内圆，如图1-3-2所示。一般漏光缝隙不得超过0.03 mm，每处漏光弧长对应的圆心角不得大于25°，同一环上的漏光弧度总和不超过45°，在环端开口处左右30°范围内不允许有漏光现象。

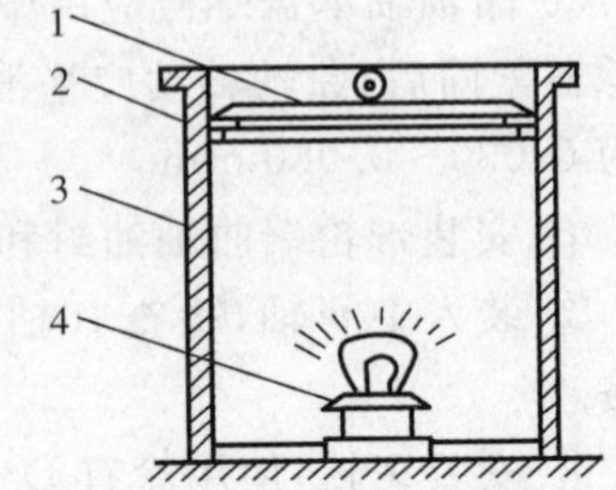

图1-3-2　活塞环漏光度的检查

1—盖板；2—活塞环；3—气缸；4—灯光

(3)活塞环的三隙检查

① 端隙

活塞环的端隙是指活塞环随活塞装入气缸后，该环在上止点时环的两端头的间隙或活塞环在标准环规内两端头的间隙。它是为了防止活塞环受热膨胀卡死在气缸内而设置的，端隙过大，影响气缸的密封性；端隙过小，将引起活塞环的运动状态不正常。

如图1-3-3所示，在检查端隙时，将活塞环置于气缸套内，并用倒置活塞的顶部将环推入气缸内其相应的上止点，然后用塞尺测量。若端隙大于规定值则应重新选配活塞环；若端隙小于规定值，应利用细平锉刀对环口的一端进行锉修。锉修时只能锉一端且环口应平整，锉修后应将加工产生的毛刺去掉，以免在工作时刮伤气缸壁。

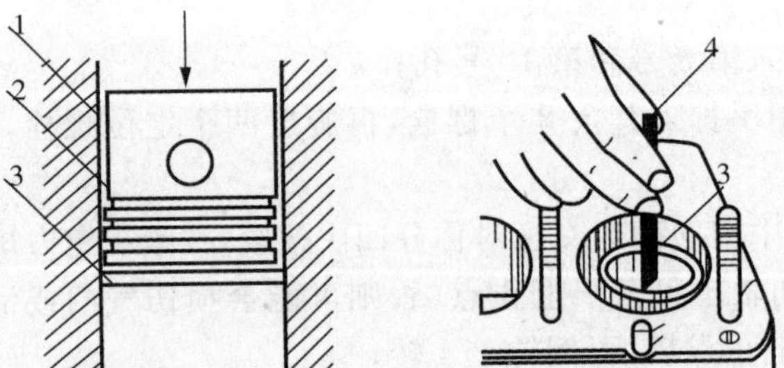

(a)从活塞顶部把活塞环推平　　(b)测量端隙

图1-3-3　活塞环端隙的检查

1—气缸；2—活塞；3—活塞环；4—塞尺

② 侧隙

活塞环侧隙，即活塞环在环槽内的上下间隙。侧隙过大将影响活塞环的密封作用；过小则可能卡死在环槽内，造成拉缸事故。若侧隙过小时，车削加宽活塞环槽修整侧隙。现代汽车的活塞一般采用表面喷钼等表面强化措施，因此禁止再采用研磨环上下平面的办法修整侧隙。检查时，将活塞环放入环槽内，用塞尺按图1-3-4所示的方法测量。其经验方法是：活塞环在其槽内，能沿槽转动自如，且无松旷感觉为宜。侧隙过大或过小，均需重新选配。

③ 背隙

活塞环的背隙是指活塞与活塞环装入气缸后,活塞环内圆柱面与活塞环槽底面的间隙。背隙是为建立背压、储存积炭和防止活塞工作时膨胀过大挤断活塞环而设置的。背隙的值为活塞环的内圆柱面与活塞环槽底部直径差值的一半,但一般不用此法表示。为测量方便,通常是将活塞环装入活塞内,以环槽深度与活塞环径向厚度的差值来衡量。测量时,将环落入环槽底,再用深度游标卡尺测出环外圆柱面沉入环岸的数值。如背隙过小,应更换活塞环或车深活塞环槽的底部。其检查方法如图 1-3-5 所示。

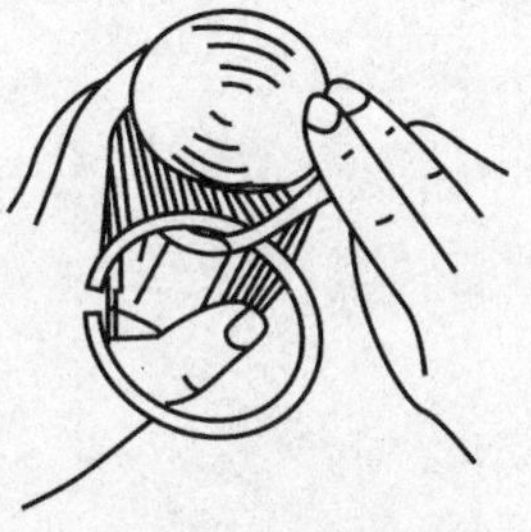

图 1-3-4　侧隙的检查

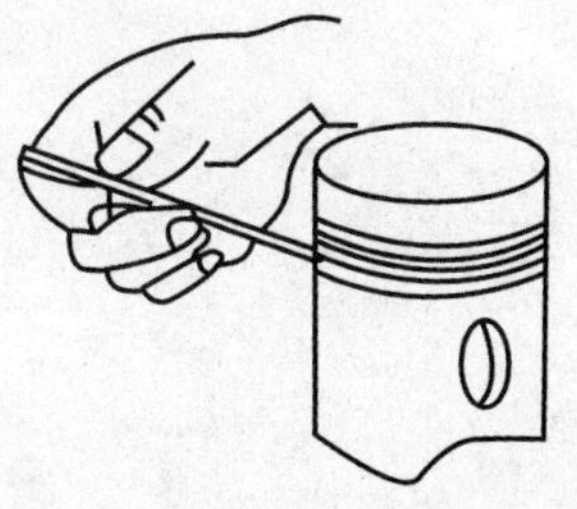

图 1-3-5　背隙的检查

4. 活塞环的选配

在更换选配活塞环时,应对其进行检验测试,并应达到如下要求:

(1)活塞环的工作表面不得有刻痕、擦伤、剥落处,外圆柱面粗糙度应符合要求;

(2)沿环圆周方向漏光处不得超过两处,每处漏光弧长对应的圆心角总和不大于 45°,距开口间隙两侧 30°范围内不应漏光,漏光处的最大缝隙不大于 0.03 mm;

(3)活塞环的翘曲度一般不大于 0.02 mm;

(4)活塞环在槽中的标准下沉量不得超过 0.15～0.25 mm;

(5)活塞环的端隙、侧隙、背隙、弹力等应符合规定。

5. 活塞环的修磨

在选配过程中,若活塞环的端隙、侧隙不符合规定,应通过修磨使其达到要求。

(1)活塞环端隙的修磨

活塞环端隙如太大,则气缸密封性能下降,此时必须更换活塞环。活塞环端隙如太小,可能造成受热膨胀而卡死,此时可采用对环口一端加以锉修的方法修正,注意保持环口端面的平整,并应边锉边测量。锉后环的外端应倒角,以防拉伤气缸。

(2)活塞环的平面修磨

活塞环的侧隙过大,将造成气缸漏气、窜油,此时应更换活塞环。活塞环的侧隙过小,将会造成活塞环卡死在环槽中,此时可通过车削活塞环槽上、下端面的方法进行修配,也可采用修磨活塞环平面的方法进行修配。修磨活塞环平面可在专用磨床上进行,也可在 0 号砂纸上进行手工研磨。

五、实验技能测试

1. 熟悉活塞环的拆装步骤与常见的检查方式；
2. 针对实验中所拆的活塞连杆组能够进行拆装；
3. 测量出实验中所拆的活塞环的三隙数值；
4. 能够熟练进行活塞连杆组的拆卸。

实验四　活塞与汽缸配合间隙及偏缸的检测

一、实验目的与要求

1. 学会活塞与汽缸配合间隙的检测方法；
2. 学会活塞偏缸的检测方法；
3. 学会各种相关仪器的使用方法。

二、实验内容

1. 活塞与气缸配合间隙的检测；
2. 活塞偏缸的检测。

三、实验设备

1. 汽缸体 1 台；
2. 配套曲轴连杆活塞 1 套；
3. 量缸表 1 套；
4. 千分尺 1 把；
5. 塞尺 1 把。

四、实验方法及步骤

1. 活塞与汽缸配合间隙的检测

(1)汽缸直径的测量

① 根据汽缸直径的尺寸，选择合适的测量接杆，并将其固定在量缸表杆的下端。接杆固定好后与活动测杆的总长度应与被测汽缸的尺寸相适应。

② 校正量缸表的尺寸，将千分尺校正到被测汽缸的标准尺寸，再将量缸表校准到千分尺的尺寸，并使伸缩杆有 2 mm 左右的压缩行程，旋转表盘，使表针对正零位。

③ 将量缸表的测杆伸入到汽缸上部，如图 1－4－1(a)所示，对准第 1 道活塞环在上止点位置时所对应的汽缸壁，如图 1－4－1(c)所示的 A 位置，分别测量垂直和平行于曲轴轴线方向的汽缸直径即可，如图 1－4－1(b)所示①、②方向。

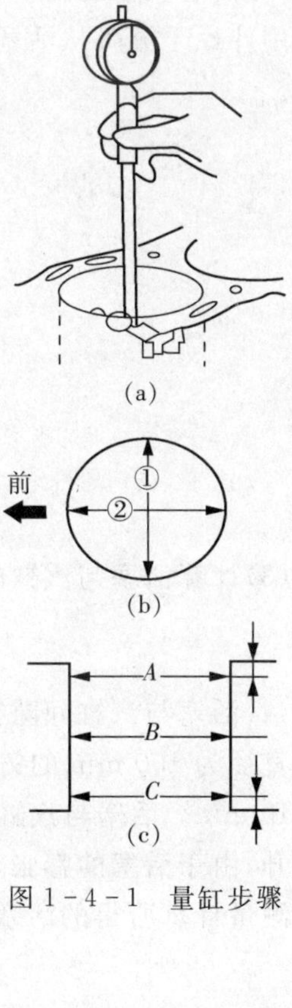

图 1－4－1　量缸步骤

④ 将量缸表下移，用同样的方法测量汽缸中部和下部的直径。汽缸中部为上下止点中间位置，如图 1－4－1(c)所示 B 位置，汽缸下部为距离汽缸边缘 10 mm 左右，如图 1－4－1(c)所示 C 位置。

⑤ 用量缸表进行测量时，应注意使测杆与汽缸轴线保持

垂直,以保证测量的准确性,如图 1-4-2 所示。当摆动量缸表,其指针指示到最小读数时,即表示测杆已垂直于汽缸轴线,这时才能记录读数,否则测量不准确。

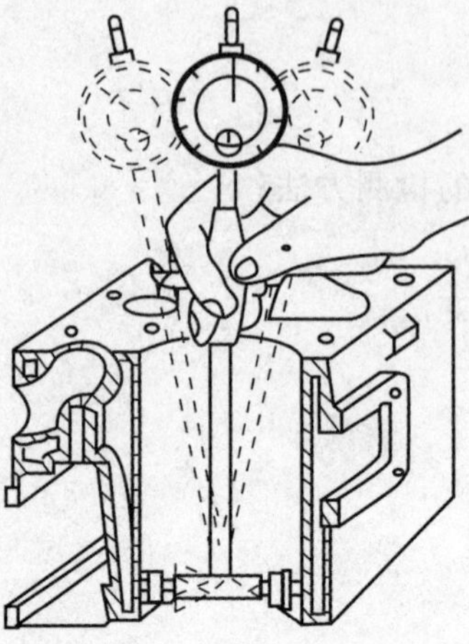

图 1-4-2　量缸表的使用方法

⑥ 在上述测量中,其最大、最小读数即为某汽缸的最大、最小缸径 D_{max}、D_{min}。

⑦ 计算汽缸的圆度和圆柱度

圆度$=(D_{max}-D_{min})/2$,D_{max} 和 D_{min} 分别为同一横截面内最大和最小测量直径;

圆柱度$=(D_{max}-D_{min})/2$,D_{max} 和 D_{min} 分别为全部测量值中的最大和最小直径。

(2)活塞直径的测量

用外径千分尺从活塞裙部底边向上约 15 mm 处测量活塞的横向直径 d,如图 1-4-3 所示。

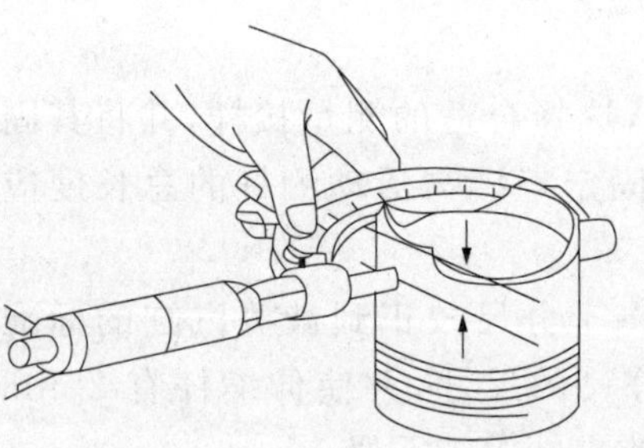

图 1-4-3　活塞直径的测量

(3)计算活塞与汽缸的配合间隙

$$\Delta min=D_{min}-d;\Delta max=D_{max}-d;$$

(4)活塞与汽缸间隙标准

直径为 100 mm 的铸铁活塞取 0.05～0.07 mm;直径为 100 mm 的铝合金活塞取 0.06～0.10 mm。活塞与汽缸配合间隙既不能过大,也不能过小。如果间隙过小,随着发动机温度上升,由于活塞的膨胀,将引起“粘缸”;相反,若间隙过大,将出现活塞的敲缸和窜气现象。如果测量计算所得的活塞与汽缸间隙超过上述标准,则可根据汽缸磨损量$(D_{max}-D_{min})$

的大小，判定是否需要进行镗缸。当小型车汽缸磨损量超过 0.15 mm，中型车超过 0.2 mm 时，需进行镗缸。如果没超过上述范围，只需要更换活塞环。

2. 活塞偏缸的检测

偏缸就是活塞连杆组在汽缸内的偏置，俗称“困缸”。它将造成汽缸内壁一侧的偏磨，使密封性不良以及曲柄连杆机构加速磨损，特别是汽缸内壁的加剧磨损。活塞偏缸的检验步骤为：

将不带活塞环的活塞连杆组合件，按规定装入汽缸中，主轴承盖和连杆轴承盖应按规定扭力拧紧，转动曲轴，使活塞处于上（或下）止点。

检查连杆小端两侧与活塞销座座孔内端两侧的距离、活塞与缸壁的距离是否相同。如不同，则是汽缸轴心线产生了偏移，或活塞连杆组件有了偏斜。

用塞尺测量活塞头部各方向与汽缸壁间的间隙。若间隙相同，即表示配装合适；若相对间隙相差很大，甚至在某一方向没有间隙，即表示有“偏缸”现象。另外，也可以根据长期的修理经验，从汽缸下体察看其漏光情况，来判断是否偏缸。

活塞偏缸检验标准为偏斜量在 100 mm 长度范围内不大于 0.03 mm。

五、实验技能测试

1. 正确使用工具、仪器；
2. 能准确测量汽缸直径；
3. 能准确测量活塞直径；
4. 能准确检测出偏缸的方向及大小。

实验五 配气机构的拆装与调整

一、实验目的与要求

1. 熟悉顶置气门式配气机构的组成，气门组和气门传动组各主要机件的构造、作用与装配关系；

2. 掌握气门间隙的检查步骤与方法；

3. 掌握正确的拆装步骤、方法和要求。

二、实验内容

发动机配气机构的拆装。

三、实验设备

1. 配气机构若干台；

2. 常用工具和专用工具各若干套。

四、实验方法及步骤

(一)顶置气门上置凸轮轴式配气机构的拆装(以轿车为例)

1. 配气机构的分解

(1)卸下凸轮轴轴承盖紧固螺母，其顺序是先松第 1、3、5 轴承盖，之后对角交替旋松 2、4 轴承盖螺母，取出凸轮轴；

(2)取出液力挺柱，用专用工具或自制工具压下气门弹簧座，取出气门锁片、内外气门弹簧、气门油封和气门。

2. 配气机构的装配

(1)安装气门

安装气门前应检查气门和导管的配合间隙为 0.035～0.070 mm。气门导管装上新的气门油封。安装气门油封时，要套上塑料管，再用专用工具压入。然后装上气门弹簧座，在气门杆部涂以机油，插入气门导管。注意：不要损伤油封，最后装上气门弹簧(弹簧旋向相反)和锁片，锁片装好后，用塑料锤轻敲几下，以确保锁止可靠。

(2)安装凸轮轴和油封

① 安装好桶式液力挺柱，装好凸轮半圆键，将凸轮轴颈涂少许润滑油放入缸盖各轴承座上；

② 安装凸轮时，第一缸的凸轮必须朝上；

③ 安装凸轮轴轴承盖时，注意轴孔上下两半对准；

④ 先对角交替拧紧 4、2 轴承盖，然后再交替拧紧 5、3、1 轴承盖，拧紧力矩为 20 N·m；

⑤ 凸轮轴与支承孔间隙为 0.06～0.08 mm，轴向间隙应小于 0.15 mm；

⑥ 在密封圈唇边和外圈涂油，将密封圈平压入，注意不要压到底，否则会堵塞油道；

⑦ 放入半圆键，安装凸轮轴正时齿轮，并用 80 N·m 的转矩加以紧固。

注意：安装凸轮轴时，第一缸的凸轮必须朝上；凸轮轴转动时，曲轴不可置于上止点，否则会损坏气门或活塞顶部。

3. 正时齿形带和齿轮的装配

先把齿形带套在曲轴和中间轴正时齿轮上，装上皮带轮，使凸轮轴正时齿形带轮上的标记“O”与左侧（向前看）气门室盖平面对齐（桑塔纳 2000 型轿车发动机齿形带轮上“OT”标记与气室护板上“↓”对齐），使三角皮带上的上止点记号和中间轴齿形带轮上的记号对齐，然后将齿形带也套在凸轮轴正时带轮上；顺时针转动张紧轮，以张紧齿形带，以用手指捏在齿形带中间（齿轮轴正时齿带轮和中间轴正时齿带轮中间）刚好可翻转 90°为止；用 45 N·m 的转矩紧固张紧轮固定螺母，然后转动曲轴两圈，检查调整是否正确；最后装上正时齿带轮护罩。

（二）顶置气门下置凸轮轴式配气机构的拆装（以货车发动机为例）

1. 气门组的拆卸

（1）从发动机上拆去与燃料供给系、点火系等系统有关的部件。

（2）拆卸前、后气门室及摇臂机构，取出推杆。

（3）拆下气缸盖。

（4）用气门弹簧钳拆卸气门弹簧，依次取出锁片、弹簧座、弹簧和气门。锁片应用尖嘴钳取出，不得用手取出。将拆下的气门做好相应标记，按顺序放置。

（5）解体摇臂机构。

2. 气门传动组的拆卸

（1）拆下油底壳、机油泵及其传动机件。

（2）拆卸挺柱室盖及密封垫，取出挺柱并依缸按顺序放置，以便对号安装（CA6102 型发动机挺柱装在挺柱导向体中，导向体可拆卸，拆装时须注意装配标记）。

（3）拆下起动爪，用拉器拆卸皮带轮。

（4）拆下正时齿轮室盖及衬垫。

（5）检查正时齿轮安装记号，如无记号或记号不清，应做出相应的装配记号（一缸活塞位于压缩行程上止点时）。

（6）拆下凸轮轴止推凸缘固定螺钉，平稳地将凸轮轴抽出（正时齿轮可不拆卸）。

3. 清洗各零部件，熟悉各零部件的具体构造和装配关系

4. 顶置气门式配气机构的安装

（1）安装前各零部件应保持清洁并按顺序放好。

（2）安装凸轮轴：先装上正时齿轮室盖板，润滑凸轮轴轴颈和轴承，转动曲轴，在第一缸压缩上止点时，对准凸轮轴正时齿轮和曲轴正时齿轮上的啮合记号，平稳地将凸轮轴装入轴承孔内；紧固止推突缘螺钉，再转动曲轴，复查正时齿轮啮合情况并检查凸轮轴轴向间隙；最后堵上凸轮轴轴承座孔后端的堵塞（堵塞外圆柱面应均匀涂以硝基胶液）。

（3）安装气门挺柱。安装挺柱时，挺柱上应涂以润滑油并对号入座。挺柱装入后，应能在挺柱孔内均匀自由地上下移动和转动。

（4）装复正时齿轮室盖、曲轴皮带轮及起动爪。

(5)装复机油泵及其附件,装复油底壳。

(6)气门组的装配。润滑气门杆,按记号将气门分别装入气门导管内。然后翻转缸盖,装上气门弹簧、挡油罩和弹簧座。用气门弹簧钳分别压紧气门弹簧,装上锁片(锁片装入后应落入弹簧座孔中,并使两瓣高度一致,固定可靠)。

(7)安装气缸盖。

(8)摇臂机构的装配。摇臂机构的安装步骤及注意事项如下:

① 对摇臂、摇臂轴、摇臂轴支座等要清洗干净,并检查这些机件的油孔是否畅通。

② 将摇臂轴涂以润滑油,按规定次序将摇臂轴支座、摇臂、定位弹簧等装在摇臂轴上。安装时,EQ6100－1 型发动机摇臂轴上的油槽要向下,出油孔向上偏发动机左侧,即进排气道一侧,如装反则摇臂机构润滑不良。

③ 将推杆放入挺柱凹座内,摇臂上的气门间隙调整螺栓拧松,以免固定支座螺栓时把推杆压弯。然后固定摇臂机构,自中间向两端均匀固定,达到规定的拧紧力矩。EQ6100－1 型发动机摇臂轴支座的拧紧力矩为 29～39 N·m;CA6102 型发动机摇臂轴支座的拧紧力矩中间为 29～30 N·m,两端为 20～30 N·m。

④ 支座固定后,摇臂应能转动灵活。

(9)装复汽油泵、分电器等发动机外部有关机件。

5. 调整气门间隙

(三)气门间隙的检查与调整

气门间隙是指气门杆的尾端与摇臂端面之间的间隙。气门间隙有冷态和热态之分。修理装配过程中的气门间隙调整是冷态间隙调整,热态间隙调整是在发动机运转,温度上升至正常工作温度后,进行间隙的调整。调整气门间隙有逐缸调整和二次调整两种方法。

1. 气门间隙两次调整法操作步骤(以 462Q 型四缸直列发动机为例)

(1)将点火开关转到"OFF",拔出点火开关锁匙。

(2)从气缸盖罩上拆下曲轴箱通风软管,拆下气缸盖罩。

(3)从离合器外壳上拆下点火正时检查窗橡胶塞。

(4)拆下分电器盖,顺时针方向转动曲轴(从发动机前端看),当分火头将要指向分电器盖第一缸高压线位置时,再慢转曲轴,使飞轮上的冲印标记"T"处的直线 2 与离合器外壳上的直线标记 1 对齐,如图 1－5－1 所示。此即第一缸压缩行程上止点位置。

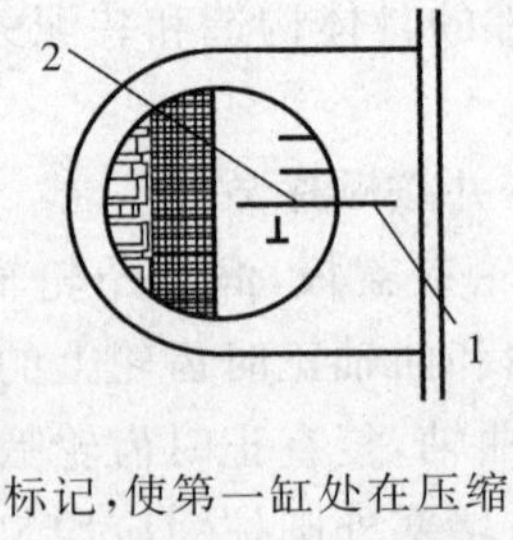

图 1－5－1　对标记,使第一缸处在压缩行程上止点位置

1—离合器外壳上的直线标记;2—飞轮上的冲印"T"标记

(5)将气门编号。如果将气门按如图 1－5－2 所示的顺序编号,则此时可检查调整气门 1、2、5 和 7 的气门间隙,即第一缸进、排气门均可检查调整,第二缸可检查调整进气门,第三

缸可检查调整排气门。

(6)检查气门间隙时可用塞尺塞入气门间隙中进行，如图 1-5-3 所示。

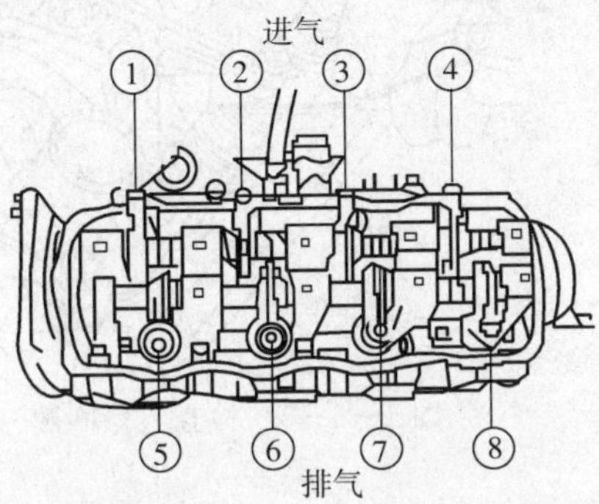

图 1-5-2　气门编号

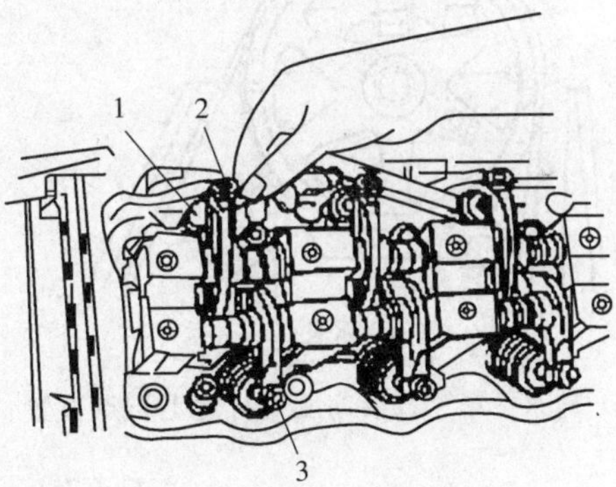

图 1-5-3　检查气门间隙

(7)经检查，如果气门间隙不符合规定，则应进行调整。调整时，应先用扳手松开锁紧螺母，再利用螺钉旋具调整螺钉。旋入调整螺钉时，气门间隙减小；反之，旋出调整螺钉时，气门间隙增大。气门间隙值调整至规定值后，应一面用螺钉旋具固定住调整螺钉，一面将锁紧螺母以 15～19 N·m 的拧紧力矩拧紧。

(8)旋转曲轴 360°，未调整的气门 3、4、6 和 8 均可检查调整。第二缸可检查调整排气门，第三缸可检查调整进气门，第四缸进、排气门均可检查调整。

(9)用塞尺复查气门间隙值，如不合格，应重新进行调整。

(10)装上气缸盖罩，并按规定力矩拧紧其固定螺栓，再装上曲轴箱通风软管。

2. 气门间隙逐缸调整法操作步骤(以广本雅阁 VTEC16 气门四缸直列发动机为例)

广州本田雅阁 VTEC16 气门四缸直列发动机仅在缸盖温度低于 38℃时才可对气门进行调整。调整完毕后，重新将曲轴带轮螺栓以 245 N·m 力矩拧紧。

气门间隙的逐缸调整法的步骤如下：

(1)将点火开关转到“OFF”，拔出点火开关锁匙。

(2)检查和调整第一缸气门间隙

① 拆下气门室盖。

② 将第一缸活塞转至上止点(TDC)位置，即凸轮轴带轮上的“UP”标志应在顶部，带轮上的上止点凹槽与气缸盖平面对齐的位置(图 1-5-4)。

③ 检查第一缸进、排气门的间隙，如图 1-5-5 所示。进气门的间隙为(0.26±0.02)mm；排气门的间隙为(0.30±0.02)mm。

④ 调整第一缸气门的间隙，松开锁止螺母，转动调整螺钉，直到用规定厚度的塞尺前后移动时仅有极小的阻力为止(图 1-5-6)。各缸的气门间隙调整螺钉位置如图 1-5-7 所示。

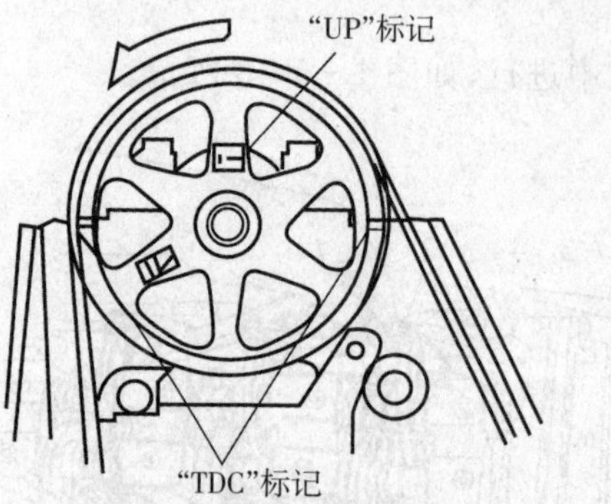

图 1-5-4　第一缸活塞压缩行程上止点位置

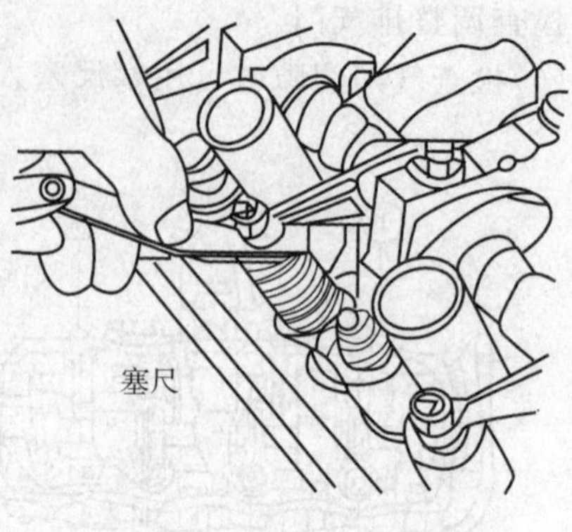

图 1-5-5　检查气口间隙

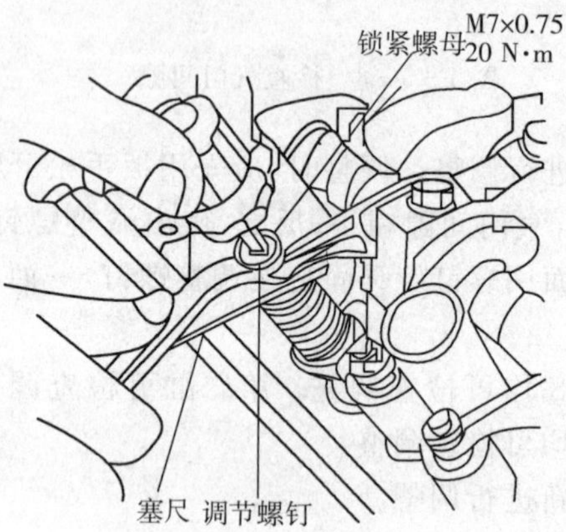

图 1-5-6　调整气门间隙

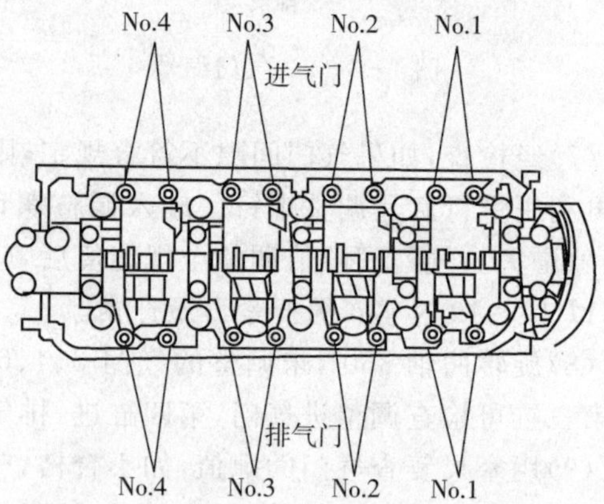

图 1-5-7　各缸气门间隙调整螺钉的位置

⑤ 拧紧锁止螺母,并再次检查气门间隙,如有必要,再次调整气门间隙。

(3)检查和调整第三缸气门间隙,如图 1-5-8 所示。按逆时针方向转动曲轴 180°(凸轮轴转动 90°),"UP"标记在排气侧时,检查和调整第三缸进、排气门间隙。

(4)检查和调整第四缸气门间隙,如图 1-5-9 所示。按逆时针方向再转动曲轴 180°,"UP"标记在下方时,检查和调整第四缸进、排气门间隙。

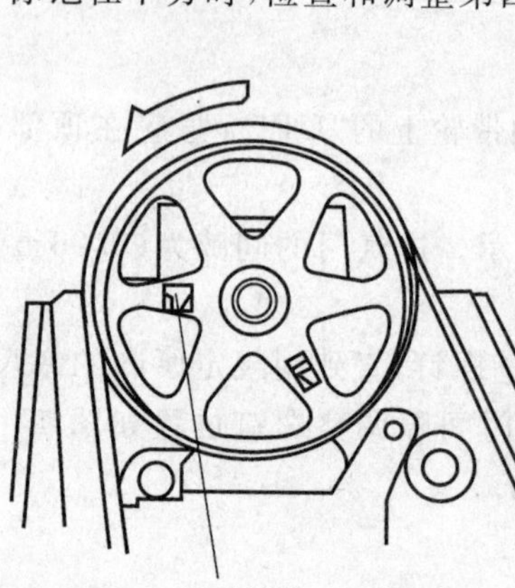

图 1-5-8　第三缸活塞压缩行程上止点位置

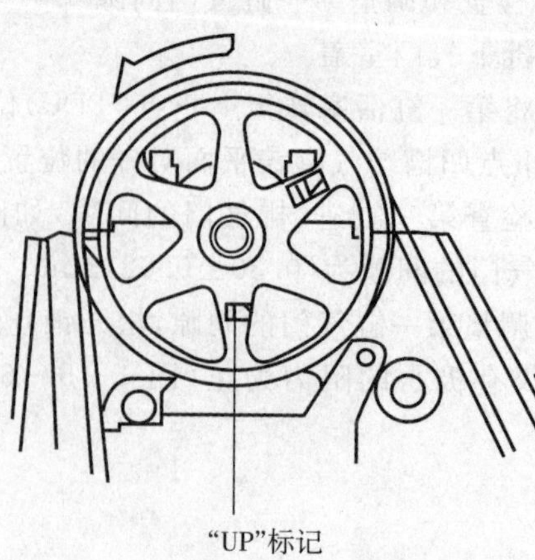

图 1-5-9　第四缸活塞压缩行程上止点位置

(5)检查和调整第二缸气门间隙，如图 1－5－10 所示。按逆时针方向再转动曲轴 180°“UP”标记在进气侧时，检查和调整第二缸进、排气门间隙。

(6)安装气门室盖垫，如图 1－5－11 所示。在安装气门室盖垫之前，应彻底清洁密封件和槽口，在安装时，确认缸盖密封垫紧密地贴合，与槽口之间无缝隙。

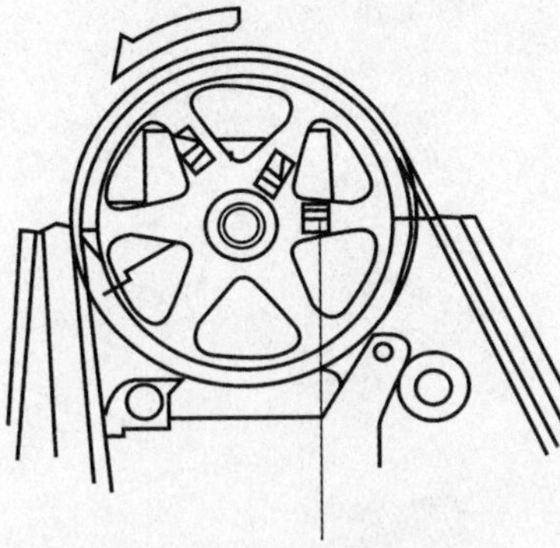

图 1－5－10　第二缸活塞压缩行程上止点位置

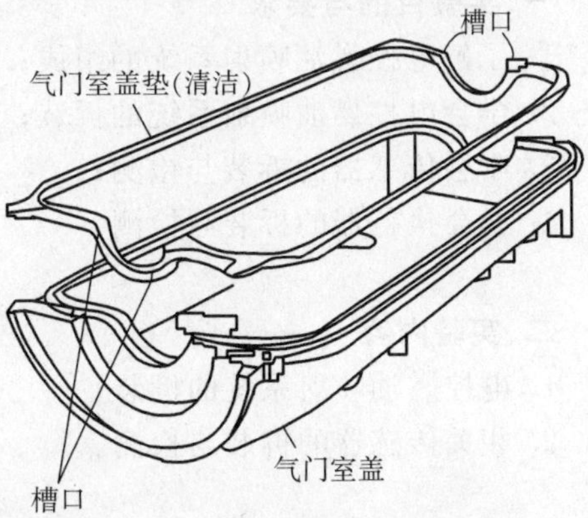

图 1－5－11　安装气门室盖垫

(7)在气门室盖垫凹槽的四角处涂上一层液体密封剂，如图 1－5－12 所示。在涂抹密封剂前，应检查配合表面是否清洁干燥；涂抹密封剂后，应在 5 min 内安装，如果达到或超过了 5 min，则应清除密封剂后重新涂上密封剂；安装后应在 30 min 以后再向发动机添加润滑油。

图 1－5－12　气门室盖垫涂抹密封剂

(8)安装气门室盖。用手指按住凸轮轴盖托架的接触表面(半圆顶部)，以便把缸盖垫放入凹槽内。注意：安装气门室盖之前，应清洁缸盖接触表面；不要触摸涂抹了密封剂的零件表面。在安装气门室盖时，小心不要损坏火花塞密封件，如果火花塞密封件有损坏或老化，则应更换。

(9)按顺序分 2～3 次将螺母拧紧至 9.5 N·m。

(10)安装完毕，检查所有气管、各类软管和插头是否安装正确。

五、实验技能测试

1. 正确操作工具、仪器；
2. 熟练掌握配气机构的拆装；
3. 掌握多种方法调整气门间隙。

实验六　电控汽油发动机燃油供给系统的拆装与调整

一、实验目的与要求

1. 了解电控燃油喷射系统的组成；
2. 学会电控燃油喷射系统的拆装；
3. 学会传感器的拆装与检测；
4. 学会执行器的拆装与检测。

二、实验内容

1. 电控燃油喷射系统的拆装；
2. 相关传感器的拆装与检测。

三、实验设备

1. 桑塔纳 AJR 发动机 1 台；
2. 发动机拆装台架 1 台；
3. 汽车发动机常用拆装工具 1 套,专用拆装工具 1 套；
4. 零部件存放台、盆各 1 个。

四、实验方法及步骤

1. 燃油供给系统的拆卸

燃油供给系统流程如图 1-6-1 所示。

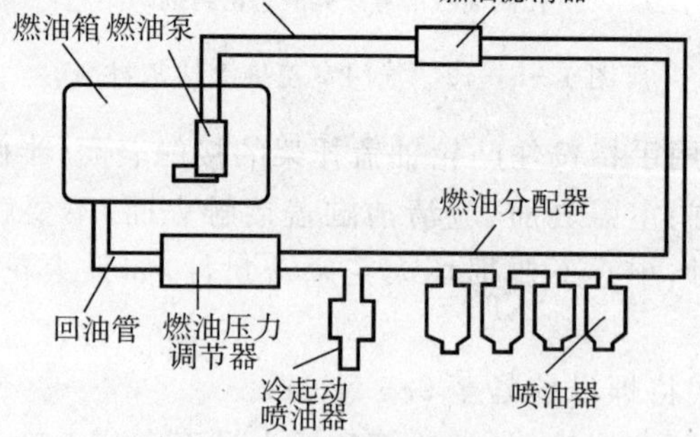

图 1-6-1　燃油供给系统流程图

(1)汽油泵的拆卸(如图 1-6-2 所示)

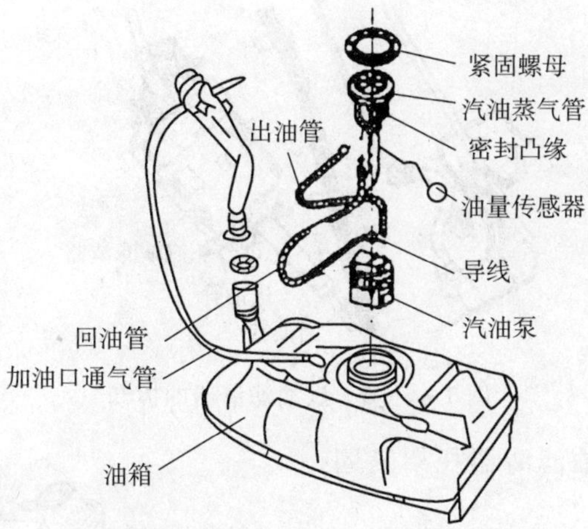

图 1-6-2 汽油泵的拆卸

① 断开点火开关，拆下蓄电池负极线。

② 卸下行李舱内衬盖。

③ 拔下油泵导线插接器，拆下油箱出油软管和回油软管。拆卸时注意在拆出油管时，须先用布抱住接头，慢慢从接头上拔下汽油软管，以防止汽油飞溅。

④ 用专用工具从油箱上拆下紧固螺母(图1-6-3)。

⑤ 取出密封凸缘和橡胶密封件。

⑥ 拔下密封凸缘内的油量传感器导线插接器。

⑦ 将专用工具伸入到油箱内，使专用工具的爪插入油泵壳体的三个拆装缺口内，旋松油泵，如图 1-6-4 所示。

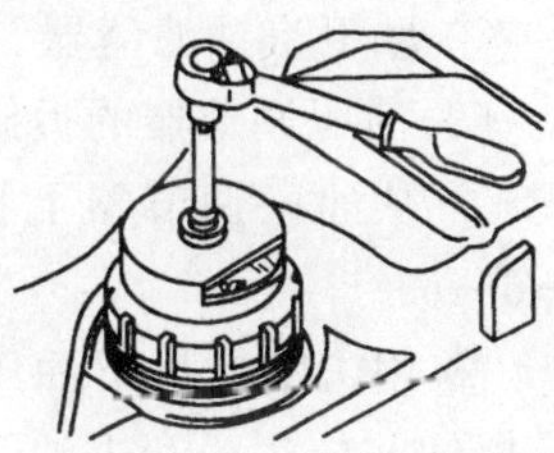

图 1-6-3 拆卸紧固螺母

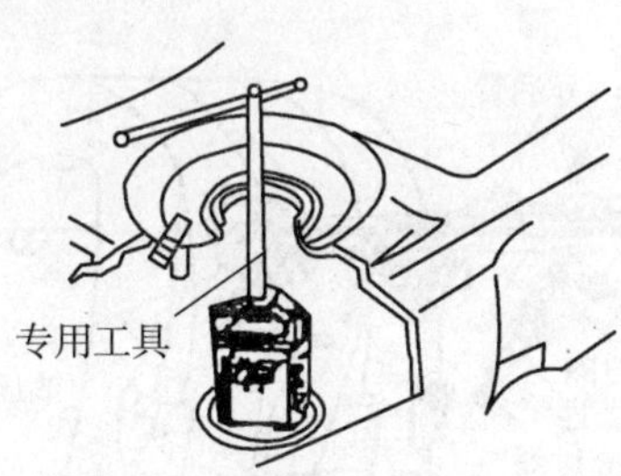

图 1-6-4 拆卸汽油泵

⑧ 从燃油箱内取出汽油泵。

(2)汽油滤清器的拆卸(图 1-6-5)

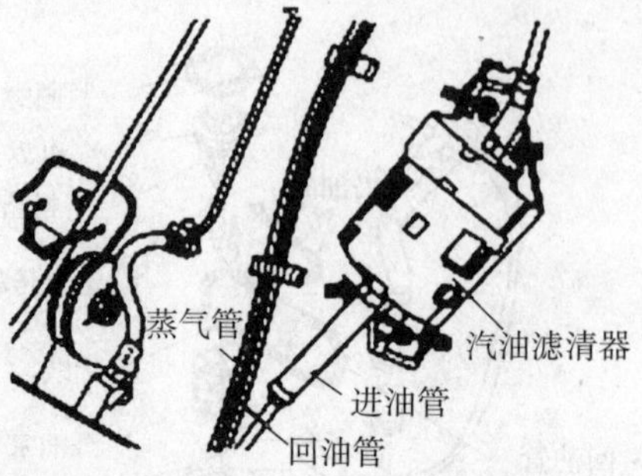

图 1-6-5　汽油滤清器的拆卸

① 松开车辆底部汽油滤清器托架紧固螺栓,取下滤清器托架。

② 松开油管包箍,拔下汽油管。注意:拔出油管时,须先用布包住接头,慢慢从接头上拔下汽油软管,以防汽油飞溅。

③ 取下汽油滤清器。

(3)油压调节器的拆卸

① 从油压调节器上拔下真空软管(图 1-6-6)。

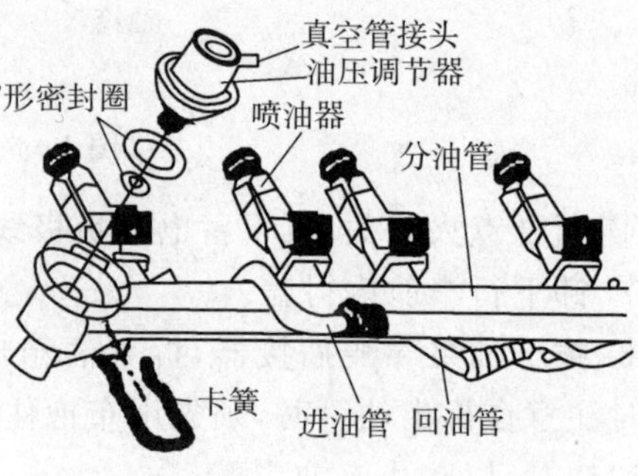

图 1-6-6　油压调节器的拆卸

② 用尖嘴钳拔下油压调节器卡簧。注意:拆卸前应先松开进油管接头,卸去分油管内的油压,以防汽油飞溅。

③ 取出油压调节器。

④ 从油压调节器上取出两只"O"形密封圈。

(4)喷油器的拆卸(图 1-6-7)

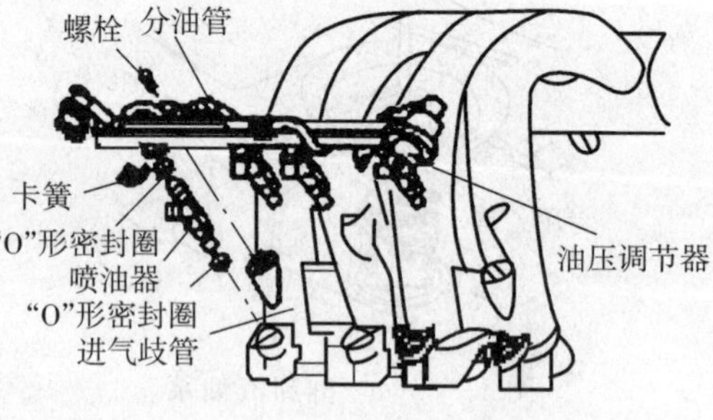

图 1-6-7　喷油器的拆卸

① 拔开卡簧,拔下喷油器上的导线插接器;

② 拧下分油管与进气歧管的固定螺栓,取下分油管;

③ 用尖嘴钳拔下喷油器卡簧,从分油管上拔下喷油器;

④ 从喷油器上拆下"O"形密封圈;

⑤ 从进气歧管上取下喷油器"O"形密封圈。

2. 电子控制系统的拆卸

(1)水温传感器的拆装(图 1－6－8)

① 关闭点火开关，拆下蓄电池负极线；

② 放出发动机冷却液；

③ 拔下水温传感器导线插接器；

④ 拔下卡簧，拆下水温传感器，取出密封垫圈。

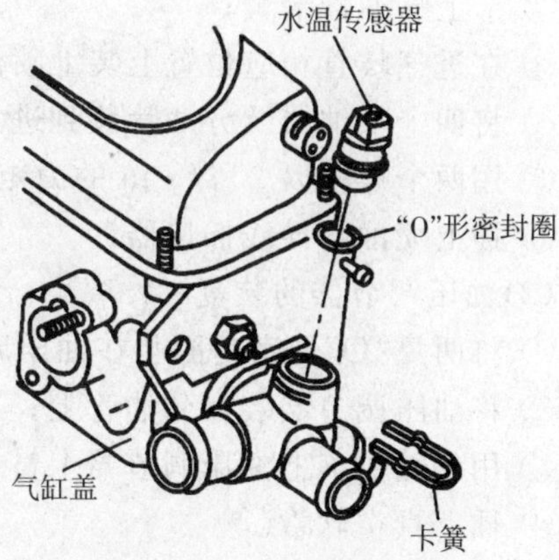

图 1－6－8　水温传感器的拆卸

(2)进气温度传感器的拆卸(图 1－6－9)

① 拔下进气温度传感器导线插接器；

② 拆下进气温度传感器，从进气温度传感器上取下"O"形密封圈。

(3)爆震传感器的拆卸

① 拆下进气歧管；

② 拔下爆震传感器导线插接器；

③ 分别从缸体上拆下 1 号和 2 号爆震传感器。

(4)氧传感器的拆卸

① 拔下氧传感器导线插接器；

② 从车辆底部的排气总管上拆下氧传感器。

(5)发动机电子控制单元的拆卸(图 1－6－10)

① 关闭点火开关；

② 拔出发动机控制单元上的两插接器的卡簧手柄，拔下两导线插接器；

③ 用螺钉旋具小心地撬开电子控制单元固定夹；

④ 取出电子控制单元。

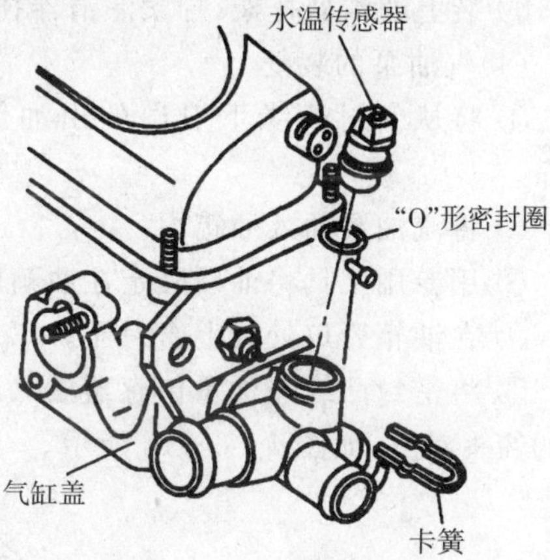

图 1－6－9　进气温度传感器拆卸

3. 燃油供给系统的装复

(1)喷油器的装复

① 左右转动喷油器，将其插入分油管，并使喷油器电线插座朝外，如图 1－6－11 所示；

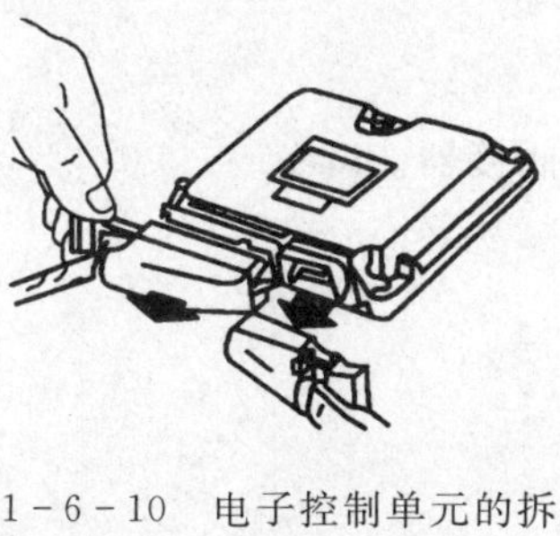
图 1－6－10　电子控制单元的拆卸

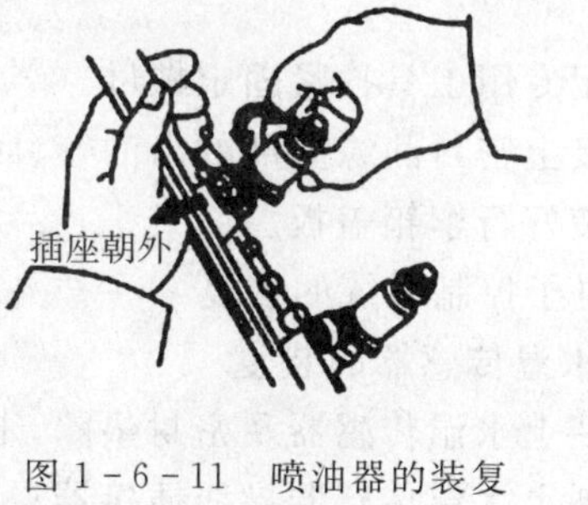

图 1－6－11　喷油器的装复

② 卡上喷油器卡簧；

③ 在进气歧管相应位置上装上喷油器“O”形密封圈；

④ 将四个喷油器及分油管装到进气歧管相应位置；

⑤ 用两个螺栓以 20 N·m 的力矩固定分油管；

⑥ 插上喷油器导线插接器。

(2)油压调节器的装复

① 将两只“O”形密封圈装在油压调节器上；

② 将油压调节器装在分油管上；

③ 用尖嘴钳卡上油压调节器卡簧；

④ 插上真空软管。

(3)汽油滤清器的装复

① 装上汽油滤清器。注意：汽油滤清器进油口的箭头应指向汽油的流向。

② 插上汽油管，夹紧油管抱箍。

③ 装上滤清器托架，拧紧滤清器托架紧固螺栓。

(4)汽油泵的装复

① 将从密封凸缘下引出的出油管、回油管及油泵导线插接到油泵上，并保证连接可靠。

② 将汽油泵插入油箱内。

③ 用专用工具将油泵固定在油箱底部的固定位置上。

④ 在油箱开口处装上密封圈。

⑤ 将密封凸缘与油量传感器插入油箱并压到底。注意：密封凸缘上的箭头必须与油箱上的箭头对齐，如图 1-6-12 所示。

图 1-6-12　油泵的装复(箭头对齐)

⑥ 用专用工具拧紧固定螺母。

⑦ 接上密封凸缘上部的出油管、回油管和导线插接器。

⑧ 装好行李箱盖板。

4. 电子控制系统的装复

(1)水温传感器的装复

① 装上水温传感器及密封垫圈，卡上卡簧；

② 插上水温传感器导线插接器；

③ 加足发动机冷却液。

(2)进气温度传感器的装复

① 装回进气温度传感器及“O”形密封圈；

② 用螺栓固定进气温度传感器；

③ 插上进气温度传感器导线插接器。

(3)爆震传感器的装复

① 装上爆震传感器,以 44 N·m 的力矩拧紧 1 号和 2 号爆震传感器的固定螺栓；

② 接上爆震传感器导线接插器；

③ 装上进气歧管。

(4)氧传感器的装复

① 将氧传感器装回车辆底部排气总管的相应位置上；

② 插上氧传感器的导线插接器。

(5)装复发动机电子控制单元

① 装上电子控制单元,并卡好电子控制单元固定夹；

② 插上电子控制单元的导线插接器,推入卡簧手柄；

③ 装上电子控制单元保护盒的罩盖；

④ 装上蓄电池负极线。

五、实验技能测试

1. 正确使用工具、仪器；
2. 能正确地拆下燃油供给系统；
3. 能正确地拆下电子控制系统；
4. 能正确进行燃油供给系统与电子控制单元安装。

实验七　柴油机燃油喷射系统的拆装与调整

一、实验目的与要求

1. 掌握汽油泵各装置的结构、工作原理,了解化油器的调整方法;

2. 掌握正确拆装汽油泵的顺序与方法。

二、实验内容

1. 汽油泵的拆装方法;

2. 柴油机燃油系统的拆装方法。

三、实验设备

1. 汽油泵若干个;

2. 常用和专用工具若干套。

四、实验方法及步骤

(一)汽油泵的拆装方法步骤

汽油泵按驱动方式不同,分为机械驱动式和电驱动式两种。现代电喷轿车广泛采用的是电驱动汽油泵。桑塔纳轿车用的汽油泵为机械驱动膜片式,该汽油泵不可分解,有故障时需更换总成。下面以东风 EQ6100 型发动机装用的 EQB501 型机械驱动膜片式汽油泵为例,介绍汽油泵的拆装。该汽油泵壳体分为上、下两部分,上体装有进油管接头和出油管接头以及进出油阀,下体装有摇臂机构和手动泵油装置。上下体之间夹装膜片拉杆弹簧装置。依靠膜片的上下凸动,进行汽油的吸入和泵出。

1. 汽油泵的解体

(1)拆下上盖固定螺钉,取下上盖及垫片。

(2)拆下连接上下体的连接螺栓,使上下体分离(注意上、下体的相对位置,必要时应做记号),取下上体并拆下进、出油管接头。

(3)翻转汽油泵上体,拆下固定阀门用的阀门支持片的螺栓,取下阀门支持片,取出进油、出油阀和垫片。注意:进、出油管接头,进、出油阀的结构相同,拆卸时应注意其安装位置及安装方向,以防装合时出错。详细观察进、出油阀的安装方向并分析其单向作用。一手拿住下体及膜片总成组合件,另一手按动摇臂或拉动手泵拉杆,观察膜片上、下凸动,分析进、出油阀开闭情况。

(4)将膜片总成稍向下压,使膜片弹簧压缩,膜片拉杆下移与内摇臂脱开,再转动膜片总成使拉杆下端孔与内摇臂挂钩脱离,抽出膜片总成。

(5)拆下压装固定泵膜的螺母(在泵膜拉杆上)。注意膜片弹簧有预紧力,应防止螺母拧松时泵膜弹簧弹出伤人。依次取下垫圈、泵膜上夹片、泵膜、泵膜下夹片、垫圈、泵膜弹簧座、泵膜弹簧及泵膜拉杆油封。

(6)取下摇臂弹簧,拆下摇臂轴,取下内、外摇臂,注意观察内、外摇臂,手摇臂之间的相互关系,以及回位弹簧的作用。尤应注意观察分析内、外摇臂之间角间隙的结构及其作用。起动前手油泵泵油时,外摇臂抵在凸轮轴上,内摇臂可单独运动;当膜片下凹,化油器不需要供油时,内摇臂不动而外摇臂仍可在凸轮推动下摇动。

2. 汽油泵的装合

装合前,应彻底清洗全部零件,并认真检查膜片及各处衬垫是否破裂、损坏,如有损坏应进行更换。检查后按与解体相反的顺序装合,并注意以下几点:

(1)按原方法装进、出油阀及进、出油管接头。

(2)拧紧上、下体的连接螺栓时,应分两次并按对角进行。若拆卸时上下体上有记号,应注意记号对正。

(3)装合后应检查有无漏气,其方法是用一只手堵进、出油口,另一只手推动手摇臂,进油口应有一定吸力,出油口应有一定压力。这表明汽油泵密封性能良好,还应注意下体上的泄油孔要保持畅通以便及时发现泵膜漏油。

(二)喷油器、喷油泵的拆装

1. 喷油器拆装方法及步骤

(1)喷油器拆卸

① 拆下坚固螺套,取出针阀偶件。注意观察针阀和针阀体结构,针阀与阀体是配对研磨的精密偶件,不能与另外偶件互换,并需注意防尘,因此,观察完毕应立即浸入清洁的柴油中,注意保管。

② 拆下调压螺钉护帽、调压螺母、调压螺钉等,取出调压弹簧上座、调压弹簧和推杆。

③ 拆下进油管接头。

(2)装复

将拆下的零部件清洗干净后,准备装复。

① 将进油管接头旋入喷油器体,不要遗落垫圈。

② 将针阀偶件放入紧固螺套,将螺套旋入喷油器体。

③ 依次从喷油器体上部孔内放入推杆、弹簧下座、弹簧上座,然后拧入调整螺钉,最后拧紧调整螺母和调压螺钉护帽。规定的喷油压力是在喷油器试验台上通过调整调压螺钉时获得(拆装实训不必进行此项调整)。

2. 调速器拆装方法及步骤

(1)调速器的拆卸

① 拆掉调速器后壳固定螺钉和安装在供油拉杆上的传动板锁紧螺母、拉杆螺母,即可依次取下调速器后壳(连盖上调速叉、操纵手柄、操纵轴、限速螺钉等)、调速弹簧、支承轴、传动板、推力盘、飞球组合件、飞球保持架等;

② 拆掉传动轴套的挡圈,可取出传动斜盘;

③ 拆掉凸轮轴上传动轴套固定螺母,用专用工具拉出传动轴套;

④ 拆掉调速器前壳固定螺母,取下调速器前壳。

(2)调速器的装复

① 用螺钉先将调速器前壳装在喷油泵体上,注意密封衬垫应完好。

② 用专用工具将传动轴套装入凸轮轴，然后装上传动盘，用挡圈锁住。

③ 安装调速器后壳，先安装上操纵轴和拨叉，然后从外端拧入支承轴，并依次向轴上套入弹簧后座、高低调速弹簧、起动弹簧、弹簧前座，最后装上校正弹簧并用螺母调节弹簧预紧力后锁紧。

④ 将传动板、推力盘(连轴承)、飞球组合件、飞球保持架套入支承轴。注意将传动板上小孔套入供油拉杆(内装拉杆弹簧)，并用拉杆螺母锁紧。

⑤ 调速器的合拢：用6个螺钉将组装好的前壳和后壳装合，密封垫片应完好，最后从调速器后壳外端拧入怠速、调速调节螺钉。

3. 喷油泵拆装方法及步骤

(1)喷油泵拆卸

① 拆掉固定上、下泵体螺母，取下上泵体；

② 拆下6只分泵的柱塞、柱塞弹簧、上下弹簧座，依次放好，不可混乱；

③ 将上体固定在台虎钳上，拆下出油阀紧固螺帽，取出出油阀弹簧、出油阀偶件；

④ 松开上体侧面定位螺钉，取出柱塞套，将柱塞和柱塞按原对配好，不能互换，仔细观察柱塞偶件和出油阀偶件结构，然后浸入干净柴油中；

⑤ 从下体中取出调整垫块、滚轮体；

⑥ 拆掉下体二端滚珠轴承，最后从下体中抽出凸轮轴。

(2)喷油泵的装复

① 安装凸轮轴：将凸轮轴从下体一端孔轻轻放入，两端装上轴承和油封。凸轮轴应转动灵活，轴向间隙在0.05～0.10 mm之间，可用增减垫片方法进行调整(拆装实训可不做调整要求)。

② 安装滚轮体总成：按原位将滚轮体装入下体，转动凸轮轴，滚轮体上下运动自如，然后装入调整垫块。

③ 安装柱塞套和出油阀偶件：先将套装入上体，用柱塞套定位螺钉定位，然后依次装入出油阀偶件、垫圈、出油阀弹簧及座、密封垫圈，最后拧紧出油阀紧固螺帽。

④ 将上体放倒，将封油圈上弹簧座、柱塞弹簧、下弹簧座依次套进柱塞套，最后将柱塞按原配对一一塞入柱塞套。

⑤ 上下泵体合拢：慢慢将卧置的上体和下体合拢，注意观察每只柱塞的调节臂是否放入拨叉槽中，轻轻抽动供油拉杆，在拨叉带动下，每只柱塞应转动自如。最后拧紧螺母。

喷油泵、调速器装复后，应在喷油泵试验台上进行调试，调试内容有：喷油时间调整；喷油量调整；怠速调整；额定最高速调整等。全部调试合格后，才能将泵装上发动机使用。

(三)喷油泵、调速器的检查与调试

1. 供油时刻调试

先将Ⅱ号泵限压回油螺孔堵塞，然后将低压输油压力提高到大于4.4 MPa。松开第一缸标准喷油器上的放气螺钉，则此时柴油便从放气螺钉中流出，用手杆慢慢转动试验台主轴，使凸轮轴转动，且通过挺杆带动柱塞上升。当放气螺钉处停油瞬时，即为该缸开始供油时刻，将刻盘对准零位。察看泵壳上与联轴节上的记号是否对准，如不对准则用红漆作好记号。

2. 供油间隔时间调试

同上述方法分别按喷油顺序测试各缸。记下各缸开始供油时刻，要求每缸的供油时刻与前一个缸相差 60°±5°。

过早或过晚可更换薄的或厚的滚轮架垫片调整。

3. 调速器的调试

(1)最高转速的试验与调整

将喷油泵转速增至接近额定转速，再把操纵臂向供油方向推到底，然后慢慢增加转速。当供油拉杆向减少供油方向移动时，此转速即为高速起作用的转速，应为 750 r/min。如过高，则退出调速器后盖上方高速限止螺钉；过低，则旋入。

(2)怠速转速的试验和调整

将喷油泵在低于怠速下运转，逐渐增加喷油泵转速。当供油拉杆向减少供油方向移动时，此对应的转速是怠速，应为 250 r/min。如过高，则退出调速器后盖中间怠速调节螺钉；过低，则旋入。

(3)停油转速的试验

将操纵臂推到底，增加转速并观察标准喷油器。当喷油器不喷油时所对应的转速即为停油转速，此转速在(820±30)r/min。太高，则装配不当；太低，则高速弹簧过软，应更换。

4. 供油量及其均匀性的试验和调整

(1)额定转速供油量及均匀性的试验和调整

使喷油泵以额定转速运转，转动操纵臂至最大供油位置。喷油 100 次，观察 6 个量杯中的油量，应为(13±0.25)mL。注：缸不均匀度应小于 3%。

不均匀度=[2×(最大供油量－最小供油量)÷(最大供油量＋最小供油量)] ×100%

不合标准或不均匀时，松开柱塞拨叉相对拨叉轴移动一定距离(油量过大，向右移；油量小，则向左移)。

(2)怠速时的供油量及均匀性试验和调整

使喷油泵在 250 r/min 运转，放松操纵臂喷油 100 次。观察油杯中的油量，应为(2.5±0.25) mL，不均匀度应小于 3%。不符合时，在不影响额定供油量的前提下调整拨叉，方法同上述。

(3)起动时的供油量试验及调整

使喷油泵在 200 r/min 运转，转动操纵臂至最大供油位置，喷油 100 次，观察各量杯中的油量，应大于 13 mL。如油量太低，将支承轴旋入一些。

注意：支承轴位置改变后，则转速(高速、怠速)、油量(额定、怠速)应重新调试。

五、实验技能测试

1. 正确使用工具、仪器；
2. 掌握汽油泵的拆装方法与步骤；
3. 掌握喷油泵的拆装方法与步骤；
4. 掌握调速器的拆装方法与步骤；
5. 注意三对精密耦合元件的匹配使用。

实验八 冷却系统和润滑系统的拆装

一、实验目的与要求

1. 熟悉冷却系统的组成及各部件的装配关系;主要机件的构造;冷却水的循环路线。

2. 掌握水泵的拆装方法、步骤。

3. 熟悉润滑系统组成及各机件的装配关系;主要机件的构造;润滑油路;强制式曲轴箱通风的原理和连接方法。

4. 掌握机油泵和滤油器的拆装方法、步骤。

二、实验内容

1. 冷却系统主要部件的拆装;

2. 润滑系统主要部件的拆装。

三、实验设备

1. 冷却系统主要部件若干;

2. 润滑系统主要部件若干;

3. 常用工具等。

四、实验方法及步骤

(一)冷却系统的拆装

1. 观察散热器、风扇、水泵、百叶窗、水温表、水温传感器、节温器等安装位置和相互间连接关系。

2. 观察散热器、风扇、水泵、缸体与缸盖水套、水温表传感器、节温器、百叶窗等主要机件的总体构造。在观察散热器芯子的构造时,可用一根较散热器芯管内孔尺寸小的软金属扁通条插入芯管中来回抽拉几次,以验证冷却水由上水室通过芯管流向下水室的情况。

3. 观察冷却水进行大循环和小循环流动路线。图 1-8-1所示为小循环路线,图 1-8-2所示为大循环路线。大小循环由节温器自动控制,可将一节温器放在玻璃杯中,倒入 90℃(363 K)以上热水,观察节温器阀门开启情况。

4. 水泵拆装方法与步骤

汽车上广泛采用离心式水泵,以轿车发动机的冷却系统为例,进行冷却系统的拆装。

(1)水泵的拆卸与分解

首先放尽冷却水(液),拆下散热器进、出水软管及旁通软管,取出暖器软管,卸下 V 型带及带轮。然后拧下水泵的固定螺栓,拆下水泵总成。

① 清除水泵表面脏污,将水泵固定在夹具或台虎钳上;

② 拧松并拆下带轮紧固螺栓,拆卸带轮;

③ 用专用拉具拆卸水泵轴凸缘;

④ 拧松并拆卸水泵前壳体的紧固螺栓，将前泵壳段整体卸下，并拆下衬垫；

⑤ 用拉具拆卸水泵叶轮，应仔细操作，防止损坏叶轮；

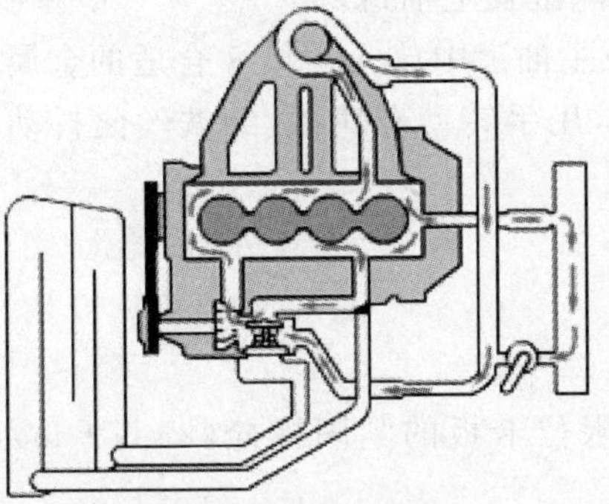

图 1-8-1　小循环路线

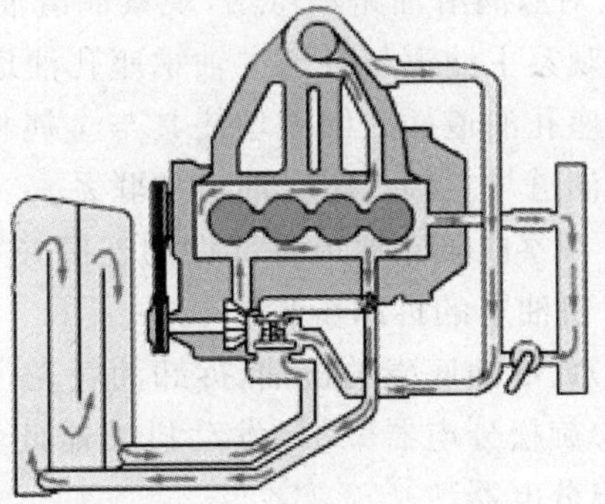

图 1-8-2　大循环路线

⑥ 从水泵叶轮上拆下锁环和水封总成；

⑦ 如果水泵轴和轴承经检测需要更换，则先将水泵加热到 75 ℃～85 ℃，然后用水泵轴承拆装器和压力机将其拆卸下来；

⑧ 拆卸油封及有关衬垫，从壳体上拆下浮动座；

⑨换位夹紧，拆卸进水管紧固螺栓，拆卸进水管；

⑩拆卸密封圈、节温器；

⑪ 安装时更换所有衬垫及密封圈；

⑫将拆卸的零件放入清洗剂中清洗。

(2)水泵的装配

水泵安装时基本顺序与拆卸顺序相反。但是，除更换衬垫及密封圈外，首先对清洗好的零件进行检查测量，磨损超差的，必须更换新件，各零部件检查合格才能装复。

① 水泵轴与轴承的配合，一般为－0.010～＋0.012 mm，大修允许为－0.010～＋0.030 mm；

② 水泵轴承与承孔的配合，一般为－0.02～＋0.02 mm，大修允许为－0.02～＋0.044 mm；

③ 水泵轴与叶轮承孔的配合，无固定螺栓(螺母)的，一般为－0.04～－0.02 mm，有固定螺母的，一般为－0.01～＋0.01 mm；

④ 水泵叶轮装合后，一般应高出泵轴 0.1～0.5 mm；

⑤ 水泵装合后，叶轮外缘与泵壳内腔之间的间隙，一般为 1 mm；叶轮与泵盖之间应有 0.075～1.00 mm 的间隙；

⑥ 各部螺栓、螺母应按规定的力矩拧紧，锁止应可靠；

⑦ 水泵下方的泄水孔应畅通；

⑧ 水泵装合后，应对水泵轴承加注规定牌号的润滑脂。

安装时，特别注意水泵叶轮与水泵壳体的轴向间隙、水泵叶轮与壳体的径向密封处的间隙，并注意轴承的润滑条件。

(二)润滑系的拆装

1. 观察机油泵、滤清器、机油散热器、限压阀、旁通阀等安装位置及相互连接关系。

2. 对照润滑油路示意图,观察润滑油路中缸体、缸盖上油道。

在观察主油道与各道主轴承座孔油道时,可在主油道中放入一尺寸合适的金属棒,再从主轴承座孔油道插入细铁丝使其与金属棒相抵触,用手转动金属棒,细铁丝便抖动,即可验证主轴油道与主轴承座孔油道的联系。

3. 观察曲轴箱通风各部件的连接关系。

4. 机油泵的拆卸步骤

(1)放尽油底壳的机油,拆卸油底壳;

(2)旋松分电器(AJR 发动机无需此步)轴向限位卡板的紧固螺栓(25 N·m),拆去卡板,拔出分电器;

(3)拆下机油泵总成紧固螺栓(20 N·m),将总成一起拆卸下来;

(4)拆卸机油泵粗集油器、连接管(吸油管组);

(5)拆卸机油泵盖组,检查泵盖上的限压阀组;

(6)分解主、从动齿轮,再分解齿轮和轴;

(7)清洗、检查、测量所有零件。

机油泵的常见故障有:机油泵主动轴弯曲,机油泵从动轴偏磨,齿轮磨损,机油泵盖内表面磨损及翘曲,机油泵壳体轴孔磨损或泵体有裂纹等。

清洗各零件后,按拆卸时相反顺序进行装复。完成后,主动轴应转动灵活,限压阀柱塞装入阀孔中,应转动灵活,无卡滞现象。

5. 机油粗滤器拆装方法与步骤

(1)拆卸

① 松开紧固螺母分解底座和外壳推杆总成;

② 取出密封垫圈、滤芯压紧弹簧垫圈和弹簧;

③ 松开阀座取出旁通阀弹簧和钢球,仔细观察旁通阀的工作情况。

(2)装复

清洗各零件后,按拆卸时相反顺序装复粗滤器。注意不要损坏各密封圈。

6. 离心式机油细滤器拆装

(1)拆卸

① 松开外罩上盖形螺母,取下密封垫圈、外罩、止推弹簧和止推片;

② 将转子转动到喷嘴对准挡油盘缺口时,取出转子体总成;

③ 松开转子罩上紧固螺母,分解转子总成,仔细观察转子的工作情况;

④ 松开进油阀座,拆卸阀座垫圈、进油阀弹簧、进油阀柱塞。

(2)装复

清洗观察各零件后,按拆卸时的相反顺序装复细滤器。

五、实验技能测试

熟悉冷却系统中大、小循环的实现和润滑系统的拆装步骤。

第二部分　汽车底盘构造实验

实验一　底盘总体认识

一、实验目的与要求

1. 了解汽车底盘各系统的组成；
2. 初步认识汽车底盘主要部件的名称、外形及安装联接；
3. 初步了解汽车底盘动力的传递路线。

二、实验内容

1. 汽车底盘的整体和主要部件的认识；
2. 了解汽车底盘动力的传递路线。

三、实验设备

汽车动力构造与传动系教学系统(图 2－1－1)。

图 2－1－1　汽车动力构造与传动系教学系统

四、实验方法及步骤

1. 汽车传动系统的组成与动力传动路线

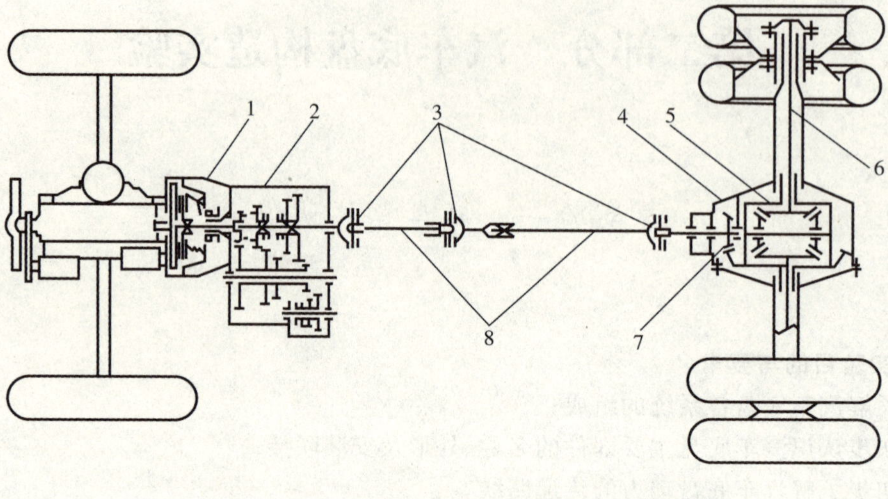

图 2-1-2　机械式传动系统的组成与布置示意图

1—离合器;2—变速器;3—万向节;4—驱动桥;5—差速器;6—半轴;7—主减速器;8—传动轴

动力传动路线：

发动机→离合器→变速器→万向传动装置→主减速器→差速器→半轴→驱动轮

2. 膜片弹簧离合器的结构和工作原理

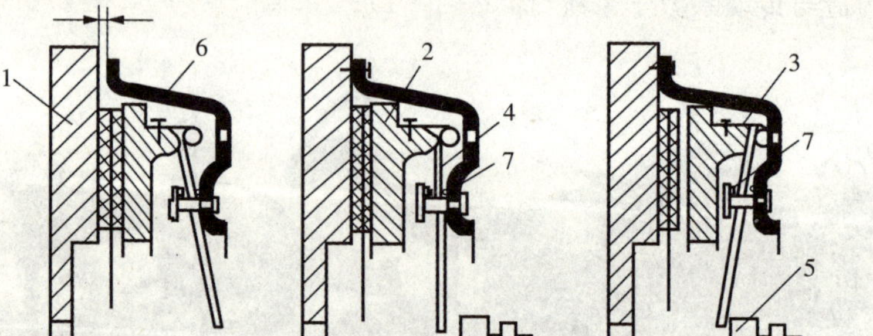

图 2-1-3　膜片弹簧离合器的工作原理示意图

1—飞轮;2—压盘;3—分离弹簧钩;4—膜片弹簧;5—分离轴承;

6—离合器盖;7—膜片弹簧钢丝支撑圈

3. 变速器、同步器的结构和工作原理

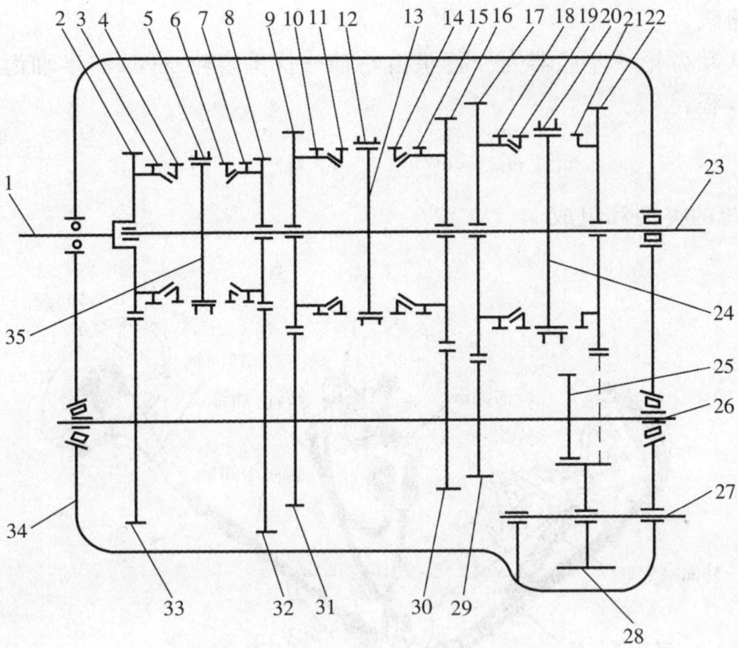

图 2-1-4　变速器的结构

1—第一轴;2—第一轴常啮合齿轮;3—第一轴齿轮接合齿圈;4—四挡同步器模环;5、12、20—接合器
6—五挡同步器模环;7—五挡齿轮接合齿圈;8—第二轴五挡齿轮;9—第二轴三挡齿轮;10—三挡齿轮接合齿圈
11—三挡同步器模环;13、24、35—花键毂;14—二挡同步器锁环;15—二挡齿轮接合齿圈;16—第二轴二挡齿轮
17—第二轴一挡齿轮;18—一挡齿轮接合齿圈;19—一挡同步器模环;21—倒挡齿轮接合齿圈;22—第二轴倒挡齿轮
23—第二轴;25—中间轴倒挡齿轮;26—中间轴;27—倒挡轴;28—倒挡中间齿轮;29—中间轴一挡齿轮
30—中间轴二挡齿轮;31—中间轴三挡齿轮;32—中间轴四挡齿轮;33—中间轴常啮合传动齿轮;34—变速器壳体

动力传递路线:一轴→一轴常啮合齿轮→中间轴常啮合齿轮→中间轴某挡齿轮→二轴该齿轮(空套在二轴)→二轴该挡齿轮接合齿圈→二轴该挡同步器锁环→接合套→花键毂→二轴

4. 差速器的结构、动力传动路线和运动特性方程

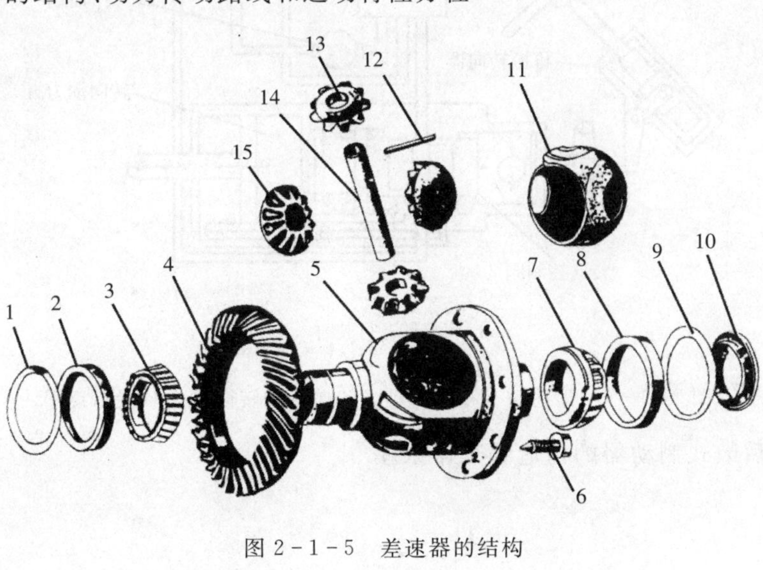

图 2-1-5　差速器的结构

动力传动路线：

主减速器从动齿轮→差速器壳→行星齿轮轴→行星齿轮→左、右半轴齿轮

运动特性方程：

$$\omega_1+\omega_2=2\omega_0 \qquad 即\ n_1+n_2=2n_0$$

5. 转向系统的类型和组成

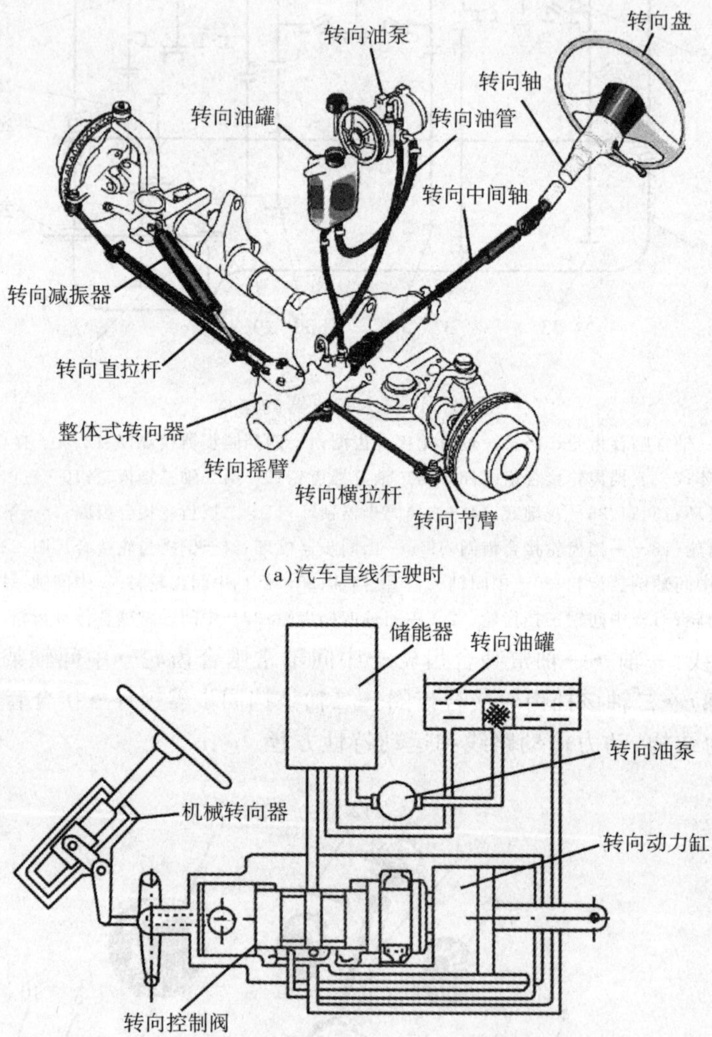

(a)汽车直线行驶时

(b)汽车转弯行驶时

图 2-1-6　捷达轿车整体式动力转向器的转向加力装置示意图

6. 前盘、后鼓式制动器的构造和工作原理

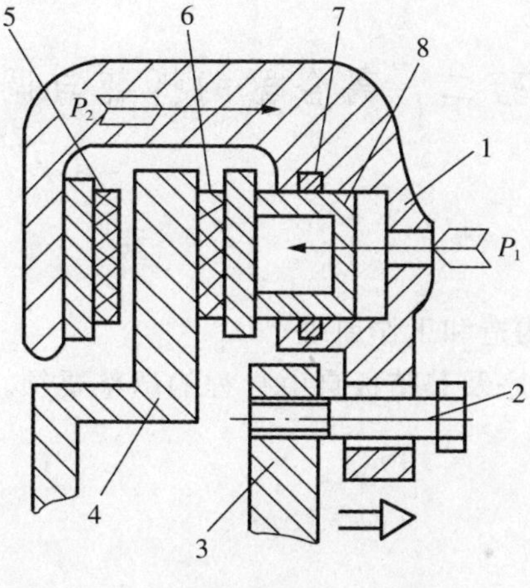

图 2-1-7　浮钳盘式制动器工作原理示意图

1—制动钳体；2—导向销；3—制动钳支架；4—制动盘；5—固定制动块；
6—活动制动块（带摩擦块磨损报警器）；7—活塞密封圈；8—活塞

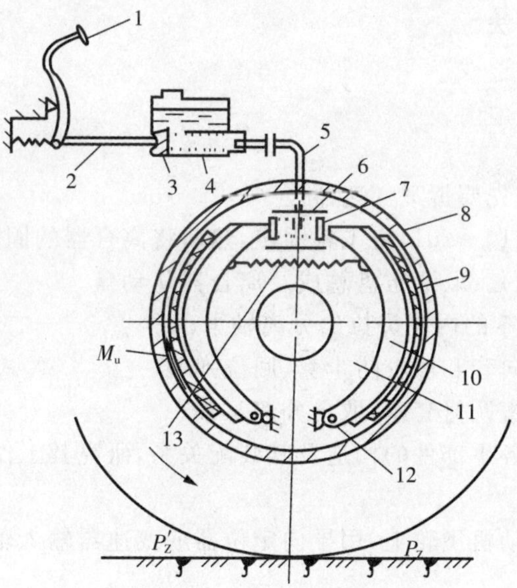

图 2-1-8　制动装置工作原理示意图

1—制动踏板；2—推杆；3—主缸活塞；4—制动主缸；5—油管；
6—制动轮缸；7—轮缸活塞；8—制动鼓；9—摩擦片；10—制动蹄；
11—制动底板；12—支撑销；13—制动蹄回位弹簧

五、实验技能测试

掌握底盘各系统的组成与功用。

实验二　离合器的拆装与调整

一、实验目的与要求

1. 掌握离合器的功用、构造和工作原理；

2. 掌握离合器的拆装顺序及其踏板自由行程的调整要领。

二、实验设备

1. 离合器总成1套；

2. 常用工具、量具各1套；

3. 相关挂图或图册若干。

三、实验内容

熟悉离合器的拆装方法。

四、实验方法及步骤

1. 离合器的拆卸

(1)拆卸离合器时,首先要拆下变速器。

(2)用大众专用工具(10—201)将飞轮固定,然后将离合器的固定螺栓对角拧松(注意观察压盘和飞轮的装配标记)。取下压盘总成及离合器从动盘。

(3)用 $A=78.5-23.5$ 的内拉头拉出分离轴承。

(4)拆下分离轴承导向套和橡胶防尘套、回位弹簧。

(5)用尖嘴钳取出卡簧及衬套座,取出分离叉轴。

(6)仔细观察离合器各零部件的构造及其装配关系,研究其工作原理。

2. 离合器的装配

(1)将从动盘装在发动机飞轮上,用导向定位器或变速器输入轴定位。从动盘上减振弹簧突出的一面朝外。

(2)装上压板组件,用扭力扳手间隔拧紧螺栓,力矩为25 N·m。

(3)用专用工具将分离叉轴套压入变速器壳上。

(4)将分离叉轴的左端装上回位弹簧,先穿入变速器壳左边的孔中,再将分离叉轴的右端装入右边的衬套孔中,然后再装入左边的分离叉轴衬套和分离叉轴衬套座,将衬垫及导向套涂上密封胶,装到变速器壳前面,旋紧螺栓,力矩为15 N·m。

(5)在变速器的后面旋紧螺栓,力矩为15 N·m,将分离叉轴锁住;检查分离叉轴应能灵活转动,但不能左右移动。

(6)用专用工具将分离轴承压入分离轴承座内。

3. 离合器的调整

(1)离合器踏板自由行程标准：15～25 mm，调整方法为螺母调整，改变拉索长度。

(2)离合器踏板总行程标准：(150±5) mm，调整方法为驱动臂调整。

五、实验技能测试

1. 正确使用工具、仪器；

2. 掌握离合器的拆装。

实验三　变速器的拆装与调整

一、实验目的与要求

1. 掌握变速器的功用、构造和工作原理；
2. 掌握变速器的拆装顺序及要领；
3. 熟悉自锁、互锁、倒挡锁止装置的结构及其工作过程。

二、实验内容

1. 变速器的拆装方法；
2. 动力传递的线路分析。

三、实验设备

1. 桑塔纳变速器 1 个；
2. 常用工具、量具各 1 套，桑塔纳专用工具 1 套，拉器、铜棒各 1 个；
3. 相关挂图或图册若干。

四、实验方法及步骤

1. 变速器总成的分解

(1)把变速器放在修理台或修理架上，放出变速器润滑油。

(2)将变速器后盖拆下，取出调整垫片和密封圈。

(3)小心地将第 3、4 挡换挡滑杆向第 3 挡方向拉至小的挡块取出，将换挡杆重新推至空挡位置(注意：换挡滑杆不能拉出太远，否则同步器内的挡块会弹出来，换挡滑杆不能回到空挡位置)。

(4)倒挡和 1 挡齿轮同时啮合，锁住轴，旋下螺母。

(5)用工具顶住输入轴的中心，取下输入轴的挡圈和垫片。

(6)用拉器拉出输入轴的向心轴承。

(7)若没有专用工具，先旋出壳体和后盖的连接螺栓，用塑料锤(或木槌)敲击输入轴的前端和后壳体，直至后盖和后壳体结合处出现松动。

(8)变速器壳体固定在台钳，钳口应有较软的金属保持垫片，以防夹坏机件。

(9)取出第 3、4 换挡拨叉的夹紧套筒，将第 3、4 换挡杆往回拉，直至可以将第 3、4 换挡杆拨叉取出为止。

(10)将换挡拨叉重新放在空挡位置，取出输入轴。

(11)压出倒挡齿轮轴，并取出倒挡齿轮。

(12)用小冲头冲出 1、2 挡换挡拨块上的弹性销，并取出弹性夹片。

(13)用工具拉出输出轴总成(注意：在拉出输出轴总成的同时，应注意 1、2 挡拨叉轴的间隙，以防卡住)。

2. 变速器输入轴总成的分解与组装

(1)输入轴总成的分解:拆下挡圈,取下4挡齿轮,用压床压出3、4挡同步器齿毂。

(2)输入轴总成的组装:组装好3挡齿轮和轴承,压入3、4挡齿毂齿套,齿毂内花键的倒角朝向3挡齿轮的方齿轮和4挡齿轮(注意:压出前应拆下各轴向挡圈)。

(3)输出轴总成的组装

① 压入4挡齿轮,齿轮的凸肩应朝向轴承。

② 4挡齿轮的挡圈与挡圈槽的间隙应尽量小些,可通过选择厚度合适的挡圈来达到。

③ 将3挡齿轮通过加热板加热至120℃后压入,凸肩朝向4挡齿轮。

④ 同步器的组装。1挡同步环有三个位置缺齿,这种同步环只能用于1挡,更换时,也可以使用不缺齿的,备件号为014311295D。组装1、2挡同步器时,齿毂上有槽的一面朝向1挡,即朝向齿套拨叉环这一侧。

⑤ 将1、2挡同步器总成压入到轴上,齿毂有槽的一面朝向1挡齿轮(即朝后)。然后再装入1挡齿轮中的滚针轴承,套上1挡齿轮后,最后压入双列滚锥轴承。

3. 变速器的装配

(1)变速器变速传动机构的组装(组装时按分解的逆顺序进行)

① 压入输出轴总成。压入输出轴总成时,要将换挡杆与第1、2挡换挡拨叉和输出轴总成一起装入后壳体,然后再压入后轴承。压入时,请注意第1、2挡换挡滑杆的活动间隙,必要时,轻轻敲击以免卡住。

② 安装1、2挡拨块,压入弹性销,安装倒挡齿轮,压入轴。

③ 安装输入轴时,要拉回2、4挡拨叉能够装入滑动齿套为止,同时应位于空挡位置,并用弹性销固定好拨叉。

④ 放好新的密封环,将输入轴和输出轴及后壳体一起与壳体用M8×45的螺栓来连接。紧固力矩为25 N·m。

⑤ 使用支撑桥将输入轴支撑住。

⑥ 压入输入轴的向心轴承或组合式轴承。向心轴承保持架密封面对着后壳体,而组合式轴承的滚柱对着后壳体。

⑦ 安装上3、4挡拨叉轴上的小止动块,拧紧输出轴螺母,力矩为100 N·m。

将换挡叉轴置于空挡位置(注意:变速器不能拉出太远,否则同步器内的止动块可能弹出来。变速滑杆可能不能再压回到空挡位置。这种情况下须重新拆卸变速器,将3个锁块压到同步器齿套内并推入滑动套筒)。

⑧ 安装差速器。

(2)变速器后盖的安装

① 由于输出轴本身是主减速器的主动齿轮,因此,后盖上的垫片要合理选择。

② 安装壳体后盖。将所选用的垫片放入后盖,将异型弹簧放到内选挡杆上,压紧后与内选挡杆一起向内推,直到弹簧的另一端弯头支撑在后盖和调整垫片上为止。再按顺时针方向旋转内选挡杆,直至异型弹簧滑进正确位置为止。

③ 以25 N·m力矩拧紧螺钉。

五、实验技能测试

1. 正确使用工具、仪器；
2. 变速器动力传递路线与拆装；
3. 计算出实验所用变速器的各挡传动比；
4. 绘出变速器各挡简图。

实验四　万向传动装置的拆装与检修

一、实验目的与要求

1. 掌握万向传动装置的功用、构造和工作原理；

2. 掌握万向节的拆装顺序及要领。

二、实验内容

1. 万向传动装置的拆卸方法；

2. 万向节的装配。

三、实验设备

1. 桑塔纳 2000Gsi 型轿车万向节；

2. 常用工具、量具各 1 套，桑塔纳专用工具 1 套；

3. 相关挂图或图册若干。

四、实验方法及步骤

1. 万向节的拆卸

万向节拆卸顺序如下：

① 用钢锯将万向节防尘罩上的夹箍锯开，拆下防尘罩；

② 用锤子从传动轴上敲下外万向节(RF)；

③ 拆卸弹簧锁圈；

④ 压出内万向节。

拆散之前，用电蚀笔或油石在钢球球笼和外星轮上标出内星轮的位置。

2. 万向节的分解

(1)外万向节(RF)的分解

① 在分解之前，用油石在球笼和外星轮上标出内星轮的位置；

② 如图 2-4-1 所示，旋转内星轮与球笼，依次取出钢球；

③ 用力转动钢球球笼直至两个方孔与外星轮对直，连同外星轮一起拆下球笼；

④ 把内星轮上扇形齿旋入球笼的方孔，然后从球笼中取下内星轮。

(2)内万向节(VL)的分解

① 如图 2-4-2 所示，转动内星轮与球笼，压出球笼里的钢球。内星轮与壳体是一起选配的，不能互换。

② 从球槽上面取出球笼里的内星轮。

3. 万向节零件的检查

① 检查外星轮、内星轮、球笼及钢球有无凹陷与磨损；

② 各万向节处的 6 颗钢球要求一定的配合公差，并与内星轮一起成为一组配合件；

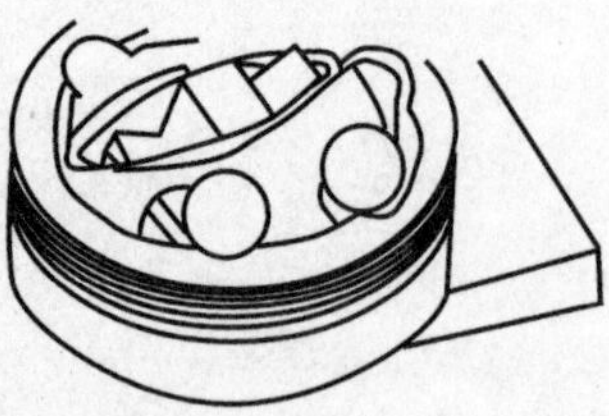

图 2－4－1 取出钢球

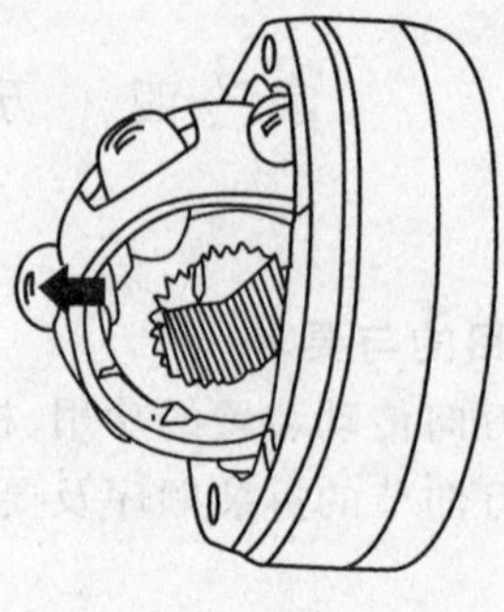

图 2－4－2 压出钢球

③ 如果万向节间隙明显过大,必须更换万向节;

④ 检查防尘罩是否破裂、挡圈和座圈是否失效。若失效,应予以更换。

4. 万向节的装配

(1)外万向节(RF)的装配

① 用汽油清洗各零件;

② 将 45 g 润滑脂 G6 注入万向节内;

③ 将球笼连同内星轮一起装入外星轮中;

④ 对角交替地压入钢球,必须保持内星轮在球笼以及外星轮内的原先位置;

⑤ 将弹簧锁圈装入内星轮;

⑥ 将 45 g 润滑脂 G6 注入万向节;

⑦ 用手将内星轮在轴向范围内来回推动,检查安装是否正确。

(2)内万向节(VL)的装配

① 对准凹槽,将内星轮嵌入球笼。内星轮在球笼内的位置无关紧要。

② 将钢球压入球笼,并注入 90 g 润滑脂 G6。

③ 如图 2－4－3 所示,将带钢球与球笼的外星轮垂直装入壳体。应注意旋转之后,外星轮上的宽间隔 a 应对准内星轮上的窄间隔 b,转动球笼以便嵌入到位。内星轮内径(花键齿)上的倒角必须对准外星轮的大直径端。

④ 如图 2－4－4 所示,扭转内星轮,使内星轮转出球笼。钢球与外星轮中的球槽相配合,应有足够的间隙。

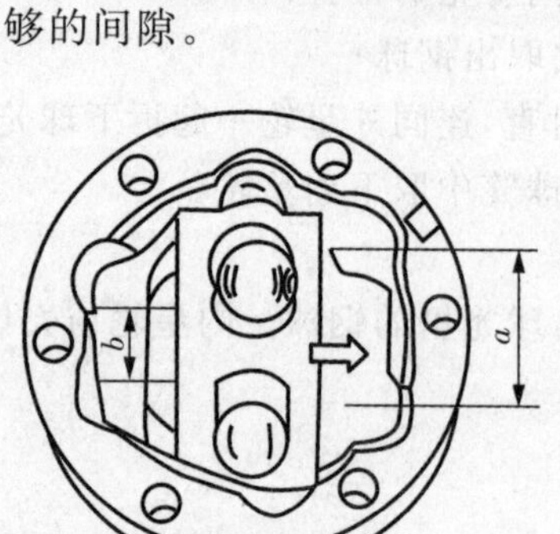

图 2－4－3 将球笼垂直装入壳体

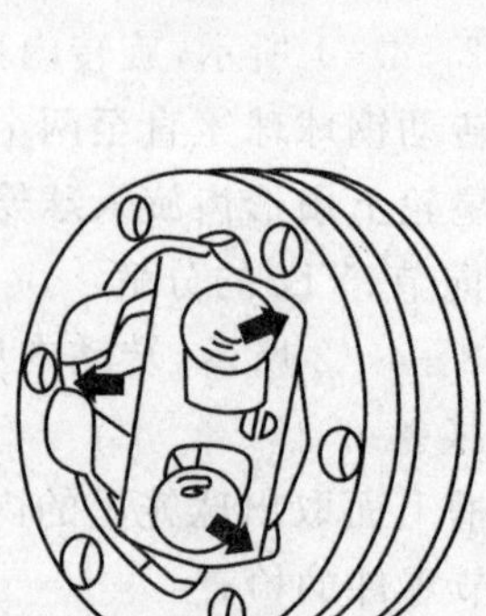

图 2－4－4 将内星轮转出球笼

⑤ 用力揿压球笼，使装有钢球的内星轮完全转入外星轮内。

⑥ 用手将内星轮在轴向范围来回推动。如果灵活，则表示装配正确。

4. 万向节的安装

万向节安装顺序如下：

① 将防护罩安装在传动轴上。

② 如图 2－4－5 所示，正确安装碟形座圈。

③ 如图 2－4－6 所示，把内万向节压入传动轴，使碟形座圈贴合。内星轮内径（花键齿）上倒角必须面向传动轴轴肩。

④ 安装弹簧锁圈。

⑤ 装上外万向节。

⑥ 在万向节上安装防尘罩，为防止防尘罩产生皱褶，安装防尘罩小口径之后，要稍微充点气，使压力平衡。用夹箍夹住防尘罩。

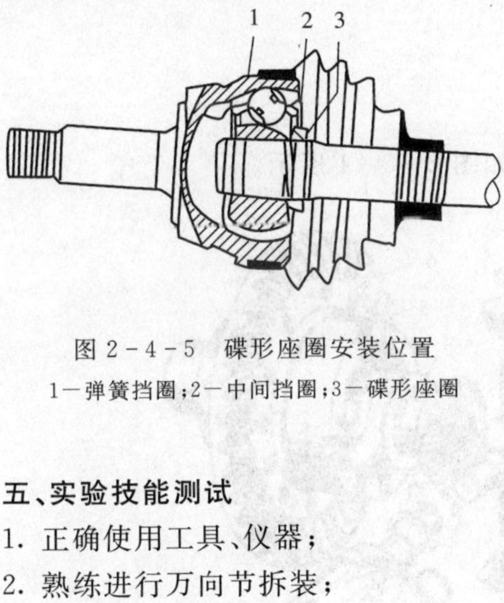

图 2－4－5　碟形座圈安装位置

1—弹簧挡圈；2—中间挡圈；3—碟形座圈

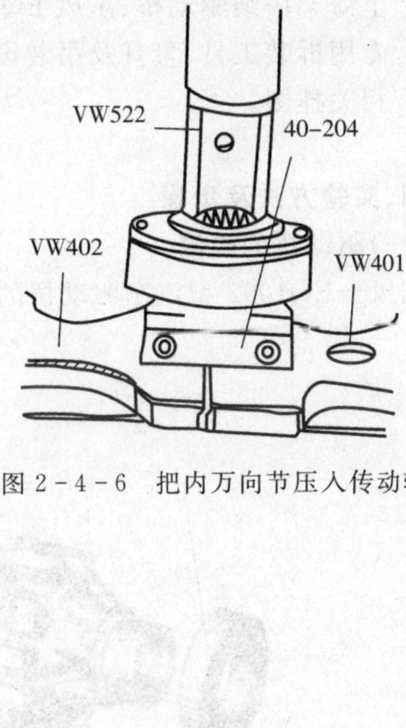

图 2－4－6　把内万向节压入传动轴

五、实验技能测试

1. 正确使用工具、仪器；
2. 熟练进行万向节拆装；
3. 进行万向节的检测。

实验五　汽车驱动桥的拆装与调整

一、实验目的与要求

通过拆装实习掌握主减速器的正确拆装顺序，熟悉各种量、器具的使用。

二、实验内容

1. 驱动桥的检测；
2. 主减速器的装配调整。

三、实验设备

1. 上海桑塔纳驱动桥、东风 EQ1092 型或解放 CA1092 驱动桥各 1 个；
2. 专用拆装工具、量具及吊装设备；
3. 相关挂图。

四、实验方法及步骤

(一)驱动桥的检测

东风－EQ1092 型汽车驱动桥的零件分解图如图 2－5－1 所示。

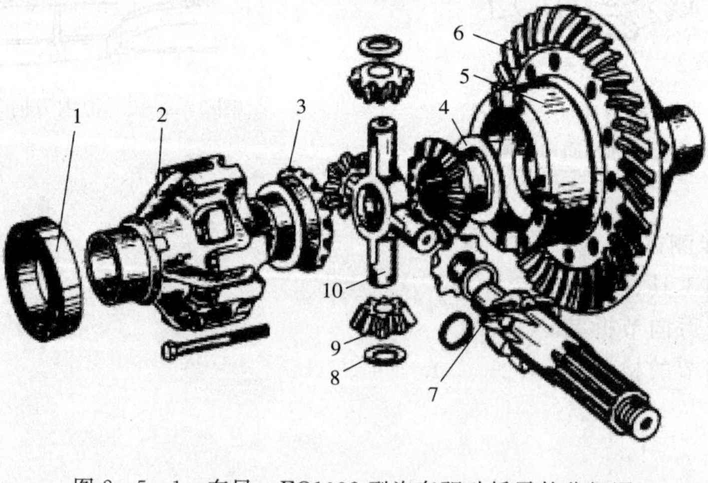

图 2－5－1　东风－EQ1092 型汽车驱动桥零件分解图

1－轴承；2、5－差速器壳；3－半轴齿轮；4、8－垫片；6－主减速器从动齿轮；7－主减速器主动齿轮；9－行星齿轮；10－行星齿轮轴

1. 主减速器主、从动锥齿轮副

(1)齿轮工作表面不得有明显斑点、剥落、缺损和阶梯形磨损，更换时必须成对更换；

(2)主动锥齿轮轮齿锥面的径向圆跳动公差为 0.05 mm，从动锥齿轮端面圆跳动公差为 0.15 mm。

2. 主减速器壳

(1)壳体应无裂损，各部位螺纹的损伤不得多于两牙，否则换新。

(2)差速器左右轴承孔的同轴度误差应不大于 0.10 mm。

(3)主减速器壳各横轴支承孔轴线对前端面的平行度误差应不大于 0.12 mm 和 0.10 mm(轴线长度分别为大于和不大于 200 mm 者)。纵轴线对横轴线的垂直度误差应不大于 0.16 mm 和 0.12 mm(纵轴线长度分别为大于和不大于 300 mm 者)。纵轴线应位于同一平面(双曲线齿轮结构除外)，其位置度误差应不大于 0.08 mm。超过上述各要求时应予更换或用镶套法修复。

3. 差速器

(1)差速器壳产生裂纹应更换。

(2)差速器壳与行星齿轮、半轴齿轮垫片的接触面应光滑，无沟槽。如有小的沟槽可用砂纸打磨，并更换新半轴齿轮垫片。

(3)行星齿轮、半轴齿轮不得有裂纹，工作表面不得有明显斑点、脱落和缺损。

4. 滚动轴承

(1)轴承的钢球(柱)和滚道如有伤痕、剥落、严重黑斑或烧损变色等缺陷，应更换；

(2)轴承架不得有缺臼、裂纹、铆钉松动或钢球(或柱)脱出等现象，否则应更换。

(二)主减速器的装配调整

主减速器的装配调整顺序一般是在总体装配前，先分别调整主、从动锥齿轮各轴承预紧度，再在装配中调整主、从动锥齿轮啮合印痕和间隙。另外，对于从动锥齿轮背面有止推装置的，还有止推装置的调整(EQ1092 驱动桥止推螺栓与从动锥齿轮背面间隙为 0.30～0.50 mm)。对双级主减速器，还有二级减速齿轮的装配调整。

1. 轴承预紧度的调整

(1)主动锥齿轮轴承预紧度的调整方法有两种：一种方法在前轴承内圈下加减调整垫片，如解放 CA1092 和 EQ1092 型汽车；另一种方法是用弹性套(波形套)来调整主动锥齿轮轴承的预紧度。装配时，在前后轴承内圈之间放置一个可压缩的弹性薄壁隔套，其张力自动适应轴承预紧度的要求，如北京切诺基汽车。一个新套一般使用 3～4 次。轴承预紧度的检查是：按规定力矩拧紧突缘螺母后，在各零件润滑的情况下用弹簧秤测突缘盘拉力或用指针式扭力扳手在锁紧螺母上测主动锥齿轮的转动力矩，应符合规定。

(2)从动锥齿轮轴承预紧度的调整因驱动桥的结构不同分为两种：第一种为单级主减速器，调整从动锥齿轮轴承预紧度就是调整差速器轴承的预紧度。此外，双级主减速器差速器轴承预紧度的调整与此相同。差速器轴承两侧都有调整螺母来调整轴承预紧度。第二种为双级主减速器，从动锥齿轮与二级减速的主动齿轮固定在同一根轴上，两端用轴承支承在主减速器壳上。轴承预紧度的调整可通过选择适当厚度的调整垫片，安装在主减速器壳与轴承盖之间来进行。拧紧轴承盖紧固螺栓后，用转动从动锥齿轮的转矩大小来衡量预紧度是否合适。

轴承预紧度的经验检查方法是：调整好后，用手转动应灵活，轴向推拉无间隙。

2. 主、从动锥齿轮啮合印痕和啮合间隙的调整

(1)主、从动锥齿轮应沿齿长方向接触，其位置应控制在轮齿的中部偏向小端，离小端端

部 2～7 mm;接触印痕的长度不小于齿长的 50%,齿高方向的接触印痕应不小于齿高的 50%。一般应距齿顶 0.80～1.60 mm,啮合间隙为 0.15～0.50 mm。但每一对锥齿轮副啮合间隙的变动量不得大于 0.15 mm。

(2)啮合印痕的检查方法:在从动齿轮上相隔 120°的三处用红丹油在轮齿的正反面各涂 2～3 个齿,再用手对从动齿轮稍施加阻力并正反向各转动主动齿轮数圈。观察从动齿轮的啮合印痕应符合要求。

(3)啮合印痕和啮合间隙的调整是同时进行的。该方法可简化为口诀:"大进从,小出从,顶入主,根出主。"调整时要保证啮合间隙不小于最小值。啮合间隙检查方法是将百分表抵在从动齿轮正面的大端处,用手把住主动齿轮,然后轻轻往复摆转从动齿轮即可显示间隙值。

(4)实现齿轮位移的方法

① 主动锥齿轮的移动:对整体式主减速器,可增加或减少后轴承内圈与主动锥齿轮之间的垫片来实现主动锥齿轮的轴向移动;对组合式主减速器,主动锥齿轮安装在单独的轴承座中,增减轴承座与主减速器壳之间的垫片,可使轴承座连同主动锥齿轮的轴向位置发生变化。

② 从动锥齿轮的移动:对单级主减速器,从动锥齿轮轴承就是差速器的轴承,将轴承两侧的调整螺母左右分别拧进或退出相同的圈数,就可以不改变轴承预紧度而移动从动锥齿轮。双级主减速器,保持从动锥齿轮两侧轴承盖下垫片总厚度不变而将左右的垫片数目重新分配,就可以使轴承预紧度不变而实现从动锥齿轮的移动。

五、实验技能测试

1. 正确使用工具、仪器;
2. 驱动桥的拆装;
3. 计算所拆驱动桥的主减速器减速比;
4. 知道如何保证主、从动齿轮的正确啮合;
5. 通过实验方法演示差速器的差速原理。

实验六　车轮定位参数的测量

一、实验目的与要求

1. 掌握汽车车轮定位参数检测方法、操作规程和数据处理方法；

2. 了解相关的检测标准和技术要求。

二、实验内容

1. 车轮外倾角的测定与调整；

2. 主销后倾角的测定与调整；

3. 主销内倾角的测定与调整；

4. 车轮前束的测定与调整等。

三、实验设备

1. 试验汽车 1 辆；

2. 828RFT 四轮定位仪 1 台；

3. SYZ1836 子母剪切举升机 1 台等。

四、实验方法及步骤

汽车车轮定位值的检测，有静态检测法和动态检测法两种。

静态检测法是在汽车静止状态下，用车轮定位仪对转向轮定位值进行几何角度的检测。动态检测法是在汽车以一定的速度行驶的情况下，用测量仪器或设备检测转向轮定位产生的各种侧向力或由此而产生的转向轮侧滑量。

车轮定位值的检测通常采用静态检测法，是利用前轮旋转平面与各定位角之间存在的直接或间接的关系进行测量的。水准车轮定位仪应用较广泛。四轮定位仪由电脑控制检测过程，在国内应用越来越广泛。采用 828RFT 四轮定位仪测定车轮定位参数的方法和步骤如下：

1. 实验准备

(1)检查 4 个车轮气压及转向机构间隙是否符合原厂规定；

(2)将车辆置于四轮定位举升机上，前轮放在转盘正中，后轮置于滑板上，拉紧手制动；

(3)将车辆升到定位高度；

(4)将 4 个轮毂夹具装在轮毂上，检查是否牢固；

(5)将 4 个红外线传感器装在相应的夹具上锁紧，松开传感器水平锁紧旋钮；

(6)将 4 个传感器通讯线连好(无线信号传输免连接)；

(7)开启计算机电源，启动 Windows 程序。

2. 实验操作

(1)输入客户数据

① 客户数据引导测量;

② 车型选择;

③ 车辆资料。

(2)跳动补偿

① 连接电子转盘。

② 跳动补偿开始时,所有 4 个传感器上的补偿指示灯都以红灯持续亮。若非如此,则在主菜单上选择“更新测量”或按传感器上的清除键“0”,清除现存的补偿值。

(3)升起车辆

补偿从任一车轮开始,顶起车辆,离地 3 cm。在对驱动轮作补偿时,不要让另一只轮子转动。

(4)补偿程序

① 顺时针转动车轮,夹具处于 90°水平位置(星形手柄朝右)。

② 调好传感器水平锁定,按下传感器上的补偿键。传感器上红灯变绿,然后松开传感器水平锁紧钮,顺时计再转 90°,夹具处于 180°调好水平按补偿键。以此类推转 360°,一只车轮补偿完毕。

③ 对其余车轮重复同样的步骤。

④ 如果对某一车轮重新补偿,按一下传感器上的补偿键,传感器面板上 4 个补偿灯都变红色,该传感器所在车轮可重新进行。如果车轮全部重新做补偿,只要按动任一传感器面板上的清零键“0”即可。

⑤ 用刹车踏板固定器抵住刹车踏板。

⑥ 抽出转盘定位销,将盘面微向内推。

⑦ 将车轮落下至其上,并使车轮作上下弹跳。

⑧ 按“下一步”确定跳动补偿已完成,页面将变为“正直向前”。本页面用于开始对主销后倾角、主销内倾角、转向前展和最大转向角的测量,在“下一步”按下后,车轮外倾角和前来值就被作为调整前的状态储存下来。条形指示器指出车辆行驶的方向,在转向止直向前时,要确认所有传感器处于水平位置。

五、实验技能测试

1. 正确使用工具、仪器;

2. 针对实验所用车辆检测出各车轮定位角;

3. 调整车轮定位角。

实验七　悬架系统的拆装与检修

一、实验目的与要求

1. 了解常见悬架的结构与工作原理；

2. 掌握悬架的拆装方法与检修工艺。

二、实验内容

1. 常见悬架的拆装与检修；

2. 减震器的拆装与检修。

三、实验设备

1. 大众捷达 Ci 型轿车后悬架，桑塔纳轿车前悬架，减震器；

2. 专用拆装工具、量具及吊装设备；

3. 相关挂图。

四、实验方法及步骤

1. 前悬架的拆装

(1)前悬架的拆卸(图 2－7－1)

① 拆下车轮装饰外罩。

② 拔下轮速传感器接头并将线固定在不影响减振器拆卸的地方。车轮着地时使用扭力扳手或随车扳手卸下轮胎紧固螺母，卸下轮胎。

③ 拆下制动钳固定螺栓(图 2－7－2)，取下制动盘，把带制动软管的制动钳总成挂在车身上。

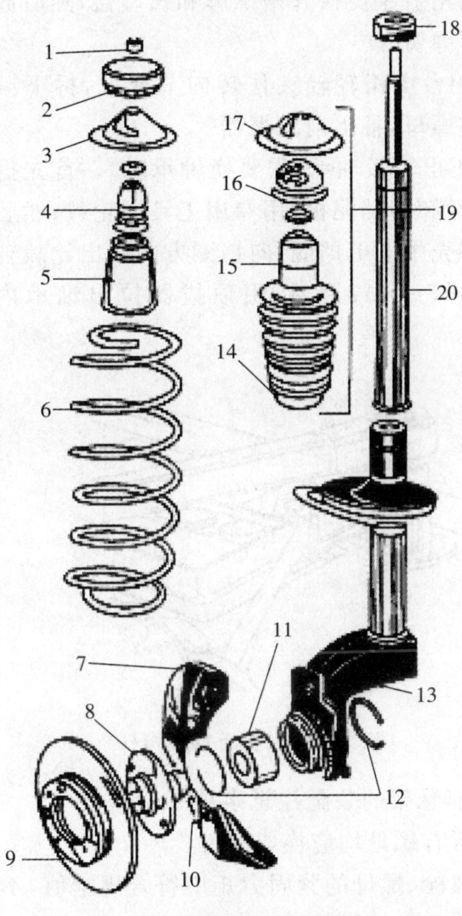

图 2－7－1　桑塔纳轿车前悬架分解图

1—开槽螺母；2—前悬架支承轴轴承；3—弹簧护圈；4—限位缓冲器；5—护套；6—螺旋弹簧；7—挡泥板；8—轮毂；9—制动盘；10—紧固螺栓；11—车轮轴承；12—卡簧；13—车轮轴承壳；14—辅助橡胶弹簧；15—限位缓冲器；16—波纹管盖；17—弹簧护圈(带通气孔)；18—螺母盖；19—崎岖路面选择件；20—减振器

④ 拆掉减振器支柱外壳与轮毂的紧固螺栓。

⑤ 用顶拔器从减振器支柱外壳上压出横拉杆接头。

⑥ 从下摆臂下方拆下稳定杆的螺母和传动轴与轮毂上的固定螺母，向下揿压前悬架摆臂，从车轮轴承壳内拉出传动轴。如拉不出，可用顶拔器压出，但不可加热轮毂，否则轮毂轴承会损坏。

⑦ 取下盖子，顶住减振器支柱下部，用内六角扳手固定住滑柱，拆下减振器活塞杆上的

螺母(图 2-7-3)。螺母旋出后,将减振器带弹簧总成从车上拆下。

⑧ 分解带弹簧的减振器总成,压紧弹簧,用扳手和六角扳手旋松开槽螺母和螺母盖,然后放松并取下弹簧。

⑨ 用台虎钳轻轻夹住转向节臂处,拆下减振器固定螺母,抽出前减振器。

⑩ 压出轮毂轴承(需要换轴承时)。首先拆下制动盘,卸掉挡泥板,用专用工具压轮毂;然后从支柱外壳中取下挡圈,向挡圈方向压出轮毂轴承(图 2-7-4);最后,用顶拔器拉出轴承内座圈。

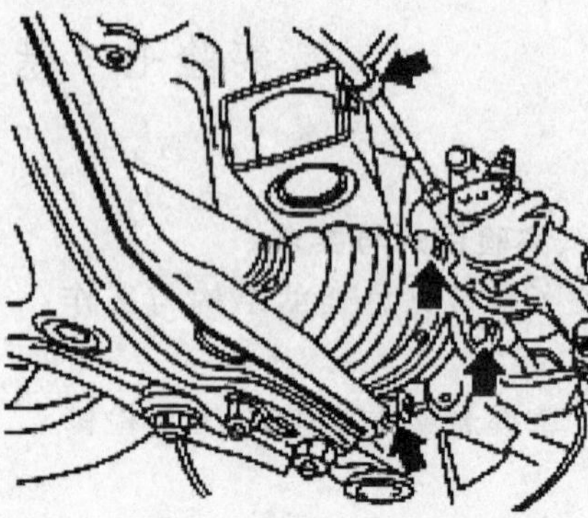

图 2-7-2 拆下制动钳固定螺栓

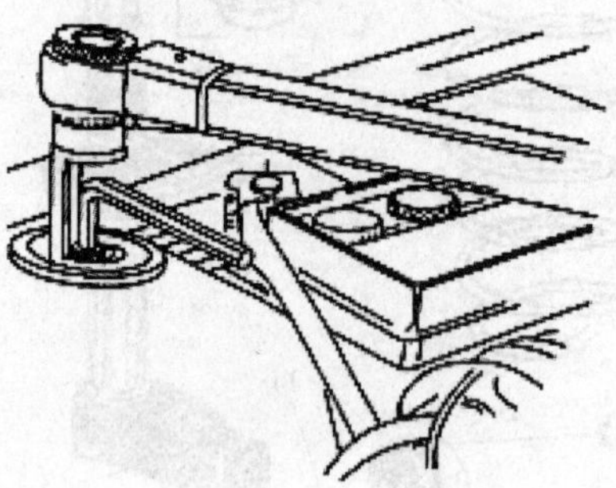

图 2-7-3 拆下固定螺杆

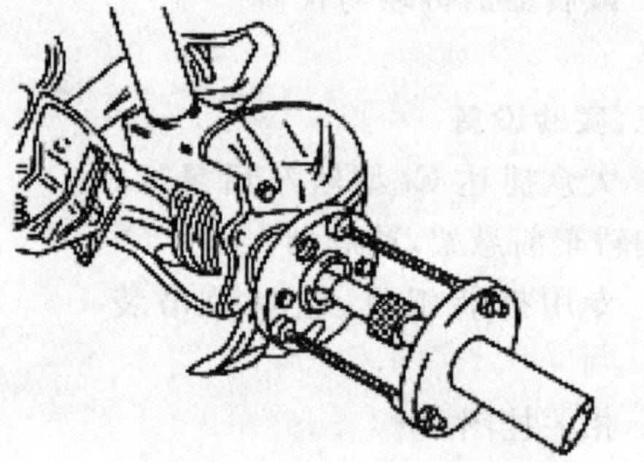

图 2-7-4 压出轮毂轴承

(2)前悬架的装配注意事项

① 所有螺母均应换成新件;

② 螺栓、螺母的紧固力矩应符合规定值,不应过紧或过松;

③ 不合格的零件均应更换;

④ 传动轴与轮毂花键齿面的油污及密封剂应擦掉;

⑤ 对有液压转向的汽车,要在传动轴花键处涂 5 mm 宽的密封胶,装好后 60 min 才可行驶。

2. 后桥及后悬架的拆装

(1)后桥及后悬架的整体拆装(图 2-7-5)

① 把驻车制动拉索从支架中吊出,必要时脱开制动蹄;

② 分开桥架上的制动管和制动软管;

③ 松开车身的支承座,仅留一个螺母;

④ 拆下排气管吊环;

⑤ 用专用工具撑住后桥 U 形横梁;

⑥ 取下车厢内减振器盖板;

⑦ 从车身上旋下螺旋弹簧支柱;

⑧ 拆下车身上整个支承座；

⑨ 慢慢升起车辆，将驻车制动拉索从排气管上拉出；

⑩ 将后桥和后悬架从车身底下拆出。

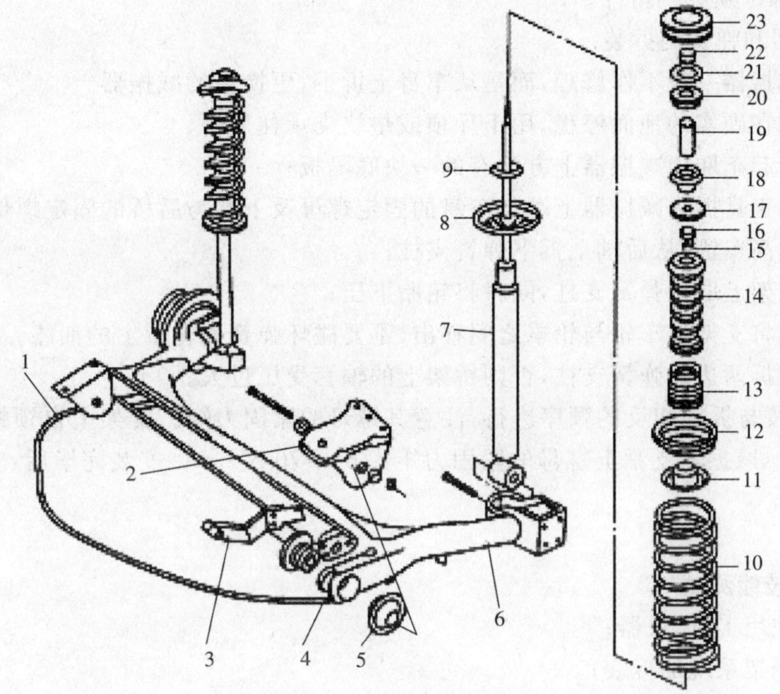

图 2-7-5　后桥的分解

1—驻车制动钢丝；2—轴承支架；3—调节弹簧支架；4—驻车制动钢丝绳支架；
5—衬套；6—后悬架；7—减振器；8—下弹簧座圈；9、17—垫圈；10—圆柱弹簧；
11—护盖；12—上弹簧座；13—波纹橡胶管；14—缓冲块；15—卡簧；16—隔圈；
18—下轴承环；19—隔套；20—上轴承环；21—衬盘(隔圈)；22—自锁螺母；23—塞盖

安装时，按与拆卸相反的顺序进行，并应注意以下事项：

① 把驻车制动拉索装在排气管上方；

② 把后桥装到车身上；

③ 把减振器和弹簧支座装入车身的支座中，并加以固定，将联接螺栓按 45 N·m 的力矩拧紧；

④ 轴梁必须平放，车身与轴梁的夹角应为 17°±2°。

(2)后桥与后悬架的分体拆装

① 拆下车轮，将制动鼓与制动底板从后桥架上拆下；

② 将桥架上的制动管和制动软管分开；

③ 放松车身上松开的橡胶金属支承座，仅留一个螺母支承或拧松桥架上的固定螺栓；

④ 从桥架上拆下减振器；

⑤ 完全松开桥架与车身的联接螺栓，抬高车体后取出后桥。

后桥的安装按与拆卸相反的顺序进行，安装时要注意以下事项：

① 橡胶金属支承座与后桥架成18°±1°。

② 各部件间紧固力矩要符合规定。减振器与车身固定的自锁螺母紧固力矩为35 N·m。支承座与车身固定的螺母紧固力矩为45 N·m,橡胶金属支承安装螺栓的紧固力矩为70 N·m。

③ 自锁螺母须更换新件。

3. 减振器和弹簧的拆装

损坏的减振器一般不作修理,而是从车身上拆下,更换新的减振器。

①将车辆在硬实的地面停稳,用千斤顶或垫块支承住后桥;

②向上弯起车厢内减振器上方配有的一块底隔板;

③用专用工具拆去减振器上端与车身的固定螺母及下端与后桥的固定螺母;

④慢慢抬高车辆,从后轴上拆下弹簧支柱;

⑤从下支架上取出弹簧支柱,同时将轮胎下压;

⑥小心地将支架从车轮与轮罩之间移出,不要碰坏弹簧和轮罩上的油漆。

不要同时拆两边的弹簧支柱,否则桥架上的轴套受压过大。

安装时,按与拆卸相反的顺序进行,注意其螺母的紧固力矩。支架上自锁螺母的紧固力矩为34 N·m,减振器支承上螺母的紧固力矩为60~70 N·m。安装完毕后,应将后隔板两边用胶带封住。

五、实验技能测试

1. 正确使用工具、仪器;
2. 掌握悬架系统的拆装;
3. 掌握减震器的拆装。

实验八　转向系统的构造与调整

一、实验目的与要求

通过拆装，观察和检查调整，熟悉转向系的构造特点、工作原理，掌握其检查调整方法。

二、实验内容

熟悉转向系的拆装方法。

三、实验设备

1. 足够数量的解放货车、北京吉普车、桑塔纳轿车；
2. 足够数量的蜗杆曲柄指销式、循环球式、齿轮齿条式转向器总成；
3. 足够数量的台钳桌和必备测量工具、拆装工具；
4. 机油及盛油器皿。

四、实验方法及步骤

(一)熟悉构造

1. 按程序拆卸球面蜗杆滚轮式、循环球式转向器；
2. 观察分析转向器的组成和结构特点；
3. 按拆装程序装复。

(二)东风 EQ1090 型汽车曲柄指销式转向器的拆、检、装、调

1. 从车上拆下转向器总成

(1)放出转向器内机油；

(2)在转向柱下端万向节与转向器输入端处松开螺栓，分开两者；

(3)拆下转向摇臂；

(4)把转向器从车架拆下。

拆卸转向器时，不能用汽油或煤油清洗橡胶类密封件，禁止用蒸汽或碱溶液清洗轴承；结合平面上的纸垫及固态胶状物必须清洗干净，必要时可用木棒、塑料棒冲击拆卸零件，不得用榔头直接敲击，防止砸伤零件表面。

2. 分解的转向器(固定在台钳上)

(1)松开侧盖上的啮合间隙，调整螺栓的锁母和螺栓；

(2)松开底盖上蜗杆轴承预紧度，调整螺塞的锁母和螺塞；

(3)拆下侧盖(旋松螺栓有顺序要求)；

(4)取出转向器的从动件——指销、曲柄总成；

(5)拆下底盖(旋松螺栓有顺序要求)；

(6)取下蜗杆，前后钢球保持架、后轴承外圈和压块；

(7)拆下上盖，取出前轴承外圈。

3. 对转向器零件进行检测

(1)转向螺杆的检修

① 传动副已丧失传动间隙调整能力时应更换;

② 滚道表面严重磨损或出现严重压痕、疲劳剥落和裂纹等耗损时应更换;

③ 轴承轴颈出现疲劳磨损,磨削后刷镀修复。

(2)摇臂轴的检修

① 扇形块、花键出现明显的扭曲时应更换;

② 摇臂轴任何部位出现裂纹都应该更换,禁止焊修;

③ 支承轴颈磨损逾限刷镀修理或更换。

(3)检查指销轴承组件

① 指销头部产生疲劳剥落或已经产生偏磨或破裂,更换组件;

② 用两个手指捏住指销头部转动,应转动自如。指销在轴承内若有轴向窜动,视情况进行调整。

(4)摇臂轴衬套间隙使用限度为 0.20 mm。

4. 转向器的装配

装配前应复查所更换的零件和修复零件,复检合格的零件清洗后用压缩空气吹干。在装配中,应尽可能地使用专用工具,相关螺栓、螺母的紧固扭矩应符合原厂规定。

(1)安装转向器下盖。

(2)安装转向螺杆。

(3)安装上盖。

(4)检查调整转向螺杆轴承紧度。转向螺杆的转动力矩为 1.0～1.7 N·m。用下盖上的调整螺钉进行调整,调整结束,锁紧锁止螺母。

(5)组装指销。

注意:指销必须成对更换,防止造成左、右转向间隙不等,引起转向力不均匀的故障;同时还应更换指销轴承。

(6)将摇臂轴组件预润滑后,装入壳体,使指销与转向螺杆啮合。啮合后转向螺杆应转动自如,转动总圈数不少于 8 圈。

(7)安装侧盖,注意两个双头螺栓要旋入指定的螺孔内。

(8)调整传动间隙,使摇臂轴与转向螺杆必须处于中间位置。

5. 安装摇臂

(1)摇臂与摇臂轴的安装标记要对正。

(2)摇臂紧固螺母的紧固力矩应符合原厂规定,并锁止可靠。

(3)按原厂规定加注润滑油。

(三)循环球式转向器的拆、检、装、调

1. 分解转向器(固定在台钳上)

(1)松开侧盖上的齿扇齿条啮合间隙,调整螺栓的锁母和螺钉。

(2)拆下侧盖上的 4 个螺钉。将侧盖转动一角度,使操作者可看清齿扇的位置。

(3)转动螺杆轴,使齿扇位于中间位置,取出连侧盖齿扇和摇臂轴,再将侧盖与齿扇分开。

(4)拆去下盖和调整垫片。

(5)取出螺杆和套在其上的方形螺母(齿条)。

(6)拆出钢球导管固定夹，取下导管，倒出导管及方形螺母内的全部钢球。

(7)拆下上盖和调整垫片等。

2. 循环球式转向器零件的检验

(1)转向器壳体和壳体、侧盖结合平面的平面度公差为0.10 mm。

(2)转向螺杆与转向螺母的检修

转向螺杆与转向螺母的钢球滚道无疲劳磨损、划痕等耗损，钢球与滚道的配合间隙不得大于0.10 mm。检验钢球与滚道配合间隙的方法有两种：一种方法是把转向螺母夹持固定后，把转向螺杆的旋转到一端止点，然后检验转向螺杆另一端的摆动量，其摆动量不得大于0.10 mm，转向螺杆的轴向窜动量也不得大于0.10 mm。另一种方法是将转向螺杆和转向螺母配合副清洗干净后，把转向螺杆垂直提起，如转向螺母在重力作用下，能平稳地旋转下落，说明配合副的传动间隙合格。若无其他损耗，传动副组件一般不进行拆检。

3. 正确组装及调整循环球式转向器

(1)安装转向螺杆组件。转向螺杆螺母组件在维修时一般不拆散。若拆散重新组装时，先平稳地逐个装入钢球。在装钢球的过程中，转向螺杆和转向螺母不要相对运动；必要时，只能稍许转动转向螺母或用塑料棒将钢球轻轻冲进滚道内，然后给装满钢球的导管口涂压润滑脂防止钢球脱出，并用导管卡将导管固定在转向螺母上。所装钢球的直径和数量必须符合原厂规定。

(2)装入钢球后，转向螺母的轴向窜动量不得大于0.10 mm。

(3)将轴承内圈压在转向螺杆的轴颈上。

(4)组装摇臂轴。

(5)安装转向器下盖、上盖。

(6)安装转向器侧盖。

(7)调整转向器转向间隙

① 使转向器的传动副处于中间位置(直行位置)。

② 通过调整螺钉，调整转向器传动副的啮合间隙，在直行位置上应无间隙啮合。

③ 中间位置上，转向器转动力矩应为1.5～2.0 N·m。转向器转动力矩调整合格后，按规定转矩锁紧调整螺钉。

(8)安装摇臂时，应注意摇臂与摇臂轴两者的装配记号对正，应特别注意摇臂固定螺母，应确实做到紧固、锁止可靠。

(9)按原厂规定加注润滑油。

(四)齿轮齿条式转向器的拆、检、装、调

1. 拆下转向器

(1)松开前轮左右独立悬架上转向臂和左右横拉杆的连接。

(2)松开横拉杆支架和转向减振器及转向器齿条的连接，取下连支架的左右横拉杆，进行分解。

(3)松开转向器齿轮轴与下转向柱的连接,取下下转向柱,松开转向器与车身连接的4个螺钉或螺母,取出带减振器的转向器。

(4)在转向齿条端头与横拉杆联接处打上标记,然后,拆卸转向齿条端头,但不能碰伤转向齿条的外表面。拆下转向齿条导块组件后,拉住转向齿条,使齿对准转向齿轮,再拆卸转向齿轮,最后抽出转向齿条。抽出时,注意不能让转向齿条转动,防止碰伤齿面。

2. 分解齿轮齿条式转向器

(1)分开减振器和转向器外壳;

(2)打开底盖,取出里面的压紧弹簧、压块和弹簧两端的垫块;

(3)拆去齿轮轴处壳体中的卡圈,拉出齿轮;

(4)拆去齿条壳体左端的锁圈、防尘罩,取出弹簧,再取出齿条。

3. 转向器零件和左右横拉杆检验

(1)转向器:外壳、轴承及卡圈、齿轮及轴、齿条、防尘罩、弹簧、锁圈、压紧弹簧、调整螺钉及座、压块衬片、各密封圈。

(2)左右横拉杆及支架:调整螺钉和锁紧螺母、球头销和球座、杆身。

4. 转向器组装和调整

(1)安装转向齿轮。安装好后调整转向齿轮轴承紧度。手感应无轴向窜动,转动自如,转向齿轮的转动力矩符合原厂规定,一般约为0.5 N·m。

(2)装入转向齿条。

(3)安装齿条衬套,转向齿条与衬套的配合间隙不得大于0.15 mm。

(4)装入转向齿条导块、隔环、导块压紧弹簧、调整螺塞(弹簧帽)及锁紧螺母。

(5)调整转向齿条与转向齿轮的啮合间隙,即转向齿条的预紧力。调整方法有两种:一是改变转向齿条导块与盖之间的垫片厚度;另一种是用盖上的调整螺塞改变转向齿条导块与弹簧座之间的间隙。

(6)安装垫圈和转向齿条端头时,应特别注意转向齿条端头和齿条必须联接紧固、锁止可靠。

(7)安装横拉杆和横拉端头,并按原厂规定检查调整左、右横拉杆的长度,以保证转向轮前束正确。另外,横拉杆端头球销的夹角应符合原厂规定,调整合格后,必须按原厂规定的扭矩紧固并锁止横拉杆夹子。

五、实验技能测试

1. 正确使用工具、仪器;

2. 常见转向器的拆装。

实验九　制动器的拆装与调整

一、实验目的与要求

1. 熟悉制动器的组成及工作情况；
2. 掌握制动器的调整；
3. 掌握正确的拆装顺序与方法。

二、实验内容

熟悉汽车前后制动器的拆装方法。

三、实验设备

1. 前、后轮制动器；
2. 常用工具、专用工具及拆装工作台。

四、实验方法及步骤

(一)汽车钳盘式车轮制动器的拆装

1. 汽车钳盘式车轮制动器的分解(图 2－9－1)

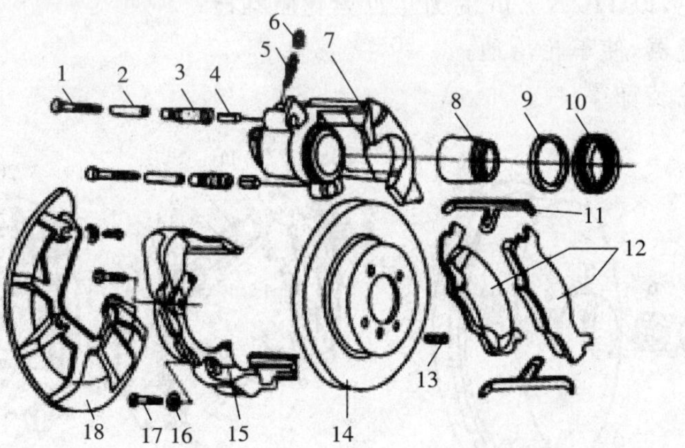

图 2－9－1　桑塔纳汽车钳盘式车轮制动器的分解

1、17—螺栓；2—导向钢套；3—橡胶衬套；4—塑料套；5—放气螺塞；6—防尘套；7—制动钳壳体；8—活塞；9—密封圈；10—防尘套；11—保持弹簧；12—摩擦块；13—制动盘固定螺钉；14—制动盘；15—制动钳支架；16—弹簧垫圈；18—防溅盘

(1)取下车轮装饰罩，拧松轮胎螺栓；

(2)将汽车支起；

(3)拆下轮胎螺母，取下车轮；

(4)用专用工具拆下制动油管,并将制动液放入容器中;

(5)用内六角扳手拆下两个制动钳壳体的固定螺栓,卸下制动钳壳体总成;

(6)从制动钳壳体上拆下保持弹簧和摩擦块等;

(7)取下活塞防尘罩;

(8)用压缩空气对进油口吹气,取下活塞及密封圈;

(9)拆下制动钳支架固定螺栓,取下制动钳支架;

(10)拆下制动盘固定螺钉,取下制动盘;

(11)拆下防溅盘。

2. 汽车钳盘式车轮制动器的装复

(1)装上防溅盘;

(2)装上制动盘,拧紧制动盘固定螺钉;

(3)装上制动钳支架,拧紧支架固定螺栓;

(4)分别在活塞、密封圈及活塞承孔中涂以制动液,并用专用工具将活塞装入制动钳壳体的承孔中;

(5)装上活塞防尘罩;

(6)装复制动油管;

(7)装上摩擦块及保持弹簧;

(8)装上制动钳壳体(注意:活塞要压到底),并拧紧两个固定螺栓;

(9)排除制动管中的空气;

(10)装上车轮,以 110 N·m 的力矩拧紧轮胎螺栓;

(11)降下举升器,使车轮落地;

(12)装上车轮装饰罩。

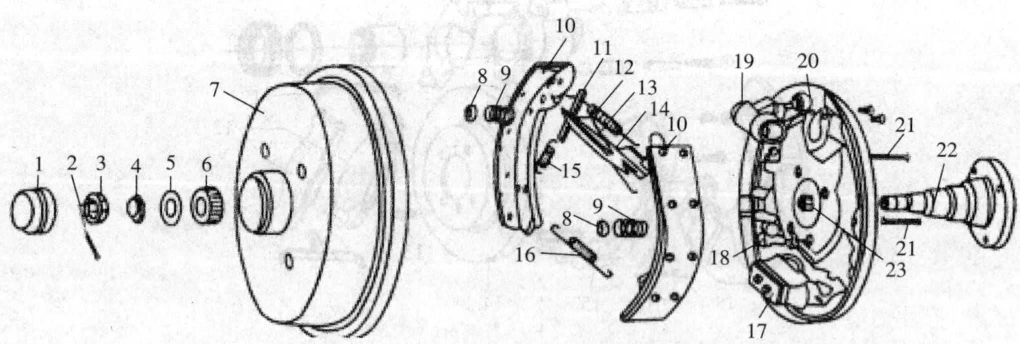

图 2-9-2 后轮制动器分解图

1—轮毂盖;2—开口销;3—开槽垫圈;4—调整螺母;5—止推垫圈;6—轴承;7—制动毂;8—弹簧座;9—保持弹簧;10—制动蹄片;11—楔形件;12—回位弹簧;13—上回位弹簧;14—推杆;15—楔形件回位弹簧;16—下回位弹簧;17—固定板;18—螺栓;19—制动分泵;20—制动底板;21—定位销;22—后轮支撑轴;23—观察孔橡皮塞

(二)后轮制动器的拆装

1. 后轮制动器的分解

(1)用千斤顶支起后轮,松开车轮螺母,拆下车轮(也可与轮毂一起拆下)。

(2)用专用工具撬下轮毂盖，取下开口销和开槽垫圈，旋下调整螺母，取出止推垫圈。
(3)通过车轮螺栓孔向上拨动调整楔形块，使制动蹄摩擦片与制动毂的间隙增大。
(4)拉出制动毂，用尖嘴钳拆下制动蹄保持弹簧、弹簧座圈和定位销。
(5)用旋具、撬棒或用手从下部的支架上提起制动蹄，取出下回位弹簧。
(6)用钳子拆下制动杆上的驻车制动拉索。
(7)用钳子取下楔形调整块弹簧和上回位弹簧。
(8)拆下制动蹄。
(9)将带推杆的制动蹄夹紧在台钳上，拆下定位弹簧，拆下制动蹄。
(10)从制动底板上拆下制动分泵。
(11)制动分泵的分解
① 拆下泵体两端活塞防尘罩；
② 从泵体两端取出活塞和密封圈；
③ 从泵体内取出弹簧；
④ 取下放气螺栓防尘罩，拆下放气螺栓。

2. 后轮制动器的装复

(1)制动分泵的组装
① 清洁各分泵零件；
② 将弹簧装入泵体内；
③ 在活塞和皮圈上应涂以制动液进行润滑；
④ 分别从两端依次装上密封圈、活塞和防尘罩；
⑤ 装上放气螺栓和放气螺栓防尘罩。
(2)将制动分泵按规定力矩紧固于制动底板上。
(3)装上回位弹簧，并将制动蹄与推杆连接好。
(4)装上楔形调整块，凸出一边朝向制动底板。
(5)将另一带有驻车制动杆的制动蹄装到推杆上。
(6)装上回位弹簧，将驻车制动拉索装在驻车制动杆。
(7)将制动蹄装上制动底板，靠住制动分泵。
(8)装入下回位弹簧，提起制动蹄，将制动蹄装到下面的支架中。
(9)装上楔形件的回位弹簧、制动蹄保持弹簧和弹簧座。
(10)使制动蹄回位。
(11)装上制动毂以及后轮轴承和螺母，然后调整好后轮轴承预紧度。
(12)用力踩制动踏板一次，使制动蹄能正确就位，以自动调整制动蹄与制动毂的间隙。制动间隙为 0.2～0.3 mm。

3. 驻车制动器自由行程的调整

(1)松开驻车制动器；
(2)用力踩制动踏板一次；
(3)将驻车制动器手柄拉紧两齿；
(4)调整拉杆上的调整螺母，直到用手不能转动两个被制动的后轮为止；

(5)松开驻车制动拉杆,两个后轮应能转动自如。

五、实验技能测试

1. 正确使用工具、仪器;

2. 常见制动器的拆装。

实验十　整体式液压悬挂系的拆装与调整

一、实验目的与要求

1. 了解丰收—35 型拖拉机整体式液压悬挂系的组成及总体布置；

2. 了解柱塞式油泵的构造及工作原理；

3. 掌握分配器的结构及工作原理；

4. 了解油缸的结构；

5. 掌握丰收—35 型拖拉机液压悬挂系操纵机构的组成、结构及其各种调节（位调节、力调节、高度调节、液压输出）的操纵方法；

6. 了解丰收—35 型拖拉机整体式液压悬挂系的检查调整。

二、实验内容

1. 力调节弹簧的检查调整；

2. 叉杆的调整；

3. 偏心轮的检查调整；

4. 控制阀摆动杆的检查调整；

5. 扇形板上、下止点螺钉位置的调整；

6. 提升轴的调整；

7. 安全阀开启压力的检查调整。

三、实验设备

1. 丰收—35 型拖拉机 1 台；

2. 柱塞式油泵和分配器总成，单作用油缸各 1 个；

3. 随车工具 1 套、内六角扳手 1 套等；

4. 整体式液压悬挂系有关挂图。

四、实验方法及步骤

1. 力调节弹簧的检查调整

使用中，当力调节弹簧产生变形而出现轴向间隙时，会造成调节作用失灵，必须及时调整。调整时，先拆下农具，将提升臂放到最低位置，里（位）调节手柄放在“快降”位置，外（力调节）手柄前移，放在扇形板长槽的下部，检查力调节弹簧的端面是否有间隙。如有间隙可拧出摇臂上的螺钉，放松紧固螺钉，转动弹簧座螺母，以消除间隙。若还不能消除间隙，可拆下弹簧座螺母，取出力调节弹簧及其附件，冲出弹簧顶杆上的固定销，转动顶杆叉头，直到间隙消除，并能用手指的力量转动力调节弹簧即可。调整后装复时，应注意将弹簧垫板正确地装在液压升降机盖内部，紧固螺钉的紧固力矩为 7～8 N·m。

2. 里、外叉杆的调整

将提升器总成翻转放置(图 2-10-1),放松外拨叉杆上偏心轮的锁紧螺母,将力、位调节操纵手柄放在“升”的位置,并将提升臂也放在升的位置,用手指将里、外拨叉杆向前扳动,外拨叉杆下端与支架槽底前面的距离应是 10~11 mm,里拨叉杆下端与支架槽底前面的距离是 20 mm。如不符合,应分别拧动调节杆上的调节螺母,以达到规定距离。

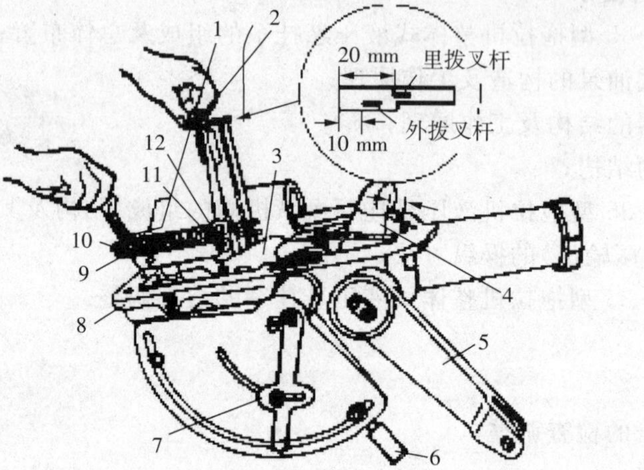

图 2-10-1　位、力调节杠杆位置的调整

1—里拨叉杆;2—外拨叉杆;3—外拨叉片;4—曲柄;5—升降臂;6—里手柄;
7—外手柄;8—机盖;9—外拨叉螺母;10—里拨叉螺母;11—螺母;12—偏心轮

3. 偏心轮的检查调整

将提升臂放在最高提升位置,外(力调节)操纵手柄放在扇形板上方,里(位调节)操纵手柄放在“快降”位量,使外拨叉杆下端推向支架槽底前面。此时偏心轮与外拨叉片应紧密接触,否则应松开偏心轮固定螺母,转动偏心轮进行调整,然后用 7~8 N·m 的力矩拧紧固定螺母。调整后,将里(位调节)操纵手柄从“快降”位置移向“慢降”位置时,若外拨叉杆从槽底前部开始向后移动,则表明调整正确。

4. 控制阀摆动杆的检查调整

将里(位调节)操纵手柄放在扇形板“慢降”位置,外(力调节)操纵手柄放在扇形板上方,通过后桥壳体上装油尺盖的圆孔检查控制阀摆动杆上端的长滚柱应与外拨叉杆下端保持轻微接触。如不正确,可调整控制阀摆动杆支点处的调整螺母。

5. 扇形板上、下止点螺钉位置的调整(图 2-10-2)

调整上止点位置,先在提升臂上装上 5 500 N载荷,将外(力调节)操纵手柄放在扇

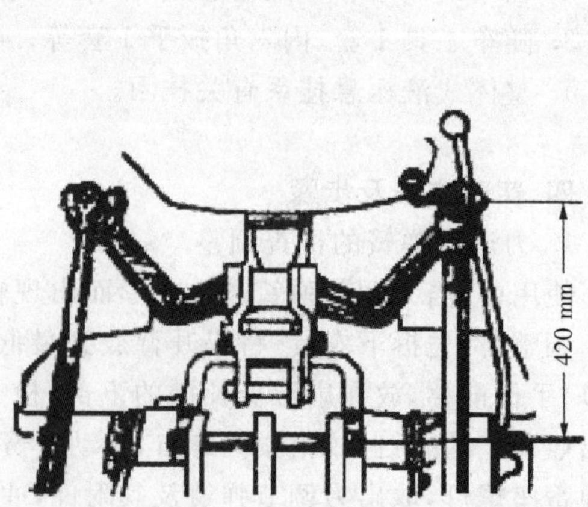

图 2-10-2　上止点螺钉位置的调整

形板下方“升”的位置，开动液压油泵，用里（位调节）操纵手柄升降数次以排除系统内空气；再将后桥壳体上牵引杆长销拔出，在此孔内插入 22 mm 光轴，然后将里（位调节）操纵手柄移动“升”的位置。当提升臂十字轴圆销与光轴的距离为 420 mm 时，停止提升。用两手试抬下拉杆，如内提升臂没有与后桥壳顶死（大约还有 5 mm 间隙），即调整合适，将上止点限位螺钉移到和手柄接触处并加以拧紧。如抬不动，则应将上止点螺钉再适当下移。

调整下止点位置，将里（位调节）操纵手柄移向“慢降”位置，在提升臂慢速下降后又将要升起时，将此手柄扳回。直到提升臂十分缓慢地重新落下，停住里（位调节）操纵手柄，将下止点限位螺钉移到和手柄接触处并加以拧紧。

6. 提升轴的调整

将提升臂轴端上的六角螺钉，拧紧到使提升臂既能用手抬起又能在本身重量作用下轻轻落下即可，然后将螺钉用垫片锁紧。

7. 安全阀开启压力的检查调整

检查调整时，可借助于压力表和调压阀在拖拉机上进行（参考分置式液压系统的检查调整），也可将安全阀装在喷油试验器上进行调整。

安全阀开启压力为(1750±50) N/cm^2，如不符合，可松开锁紧螺母，拧转调节螺钉进行调整。

五、实验技能测试

1. 正确使用工具、仪器；
2. 液压悬挂装置的拆装；
3. 绘简图说明如何操纵力、位调节操纵手柄实现根据土壤阻力变化而自动控制耕深的调节。

实验十一 ABS结构认识与检修

一、实验目的与要求

1. 掌握ABS系统的组成及工作原理；
2. 了解各零部件的位置、结构和原理；
3. 熟练掌握故障代码的读取与清除方法；
4. 熟练使用诊断仪器。

二、实验内容

1. 防抱死制动系统控制单元的拆装；
2. ABS系统液压模块拆装；
3. 车轮转速传感器拆装。

三、实验设备

1. 带有ABS制动系统的汽车4辆；
2. ABS制动系统的零部件4套；
3. 诊断仪器4套；
4. 拆装工作台若干张；
5. 常用、专用工具若干套。

四、实验方法及步骤

1. 防抱死制动系统控制单元的拆装(图2-11-1)

(1)拆卸程序

① 蓄电池上拆去接地导线；

② 打开制动液储液罐盖往制动液储液罐里加液至最高；

③ 用市售与罐盖相仿的盖子盖住制动液储液罐；

④ 按箭头方向拉出导线线束插座上的锁定滑轨1并断开线束插头；

⑤ 松开液压模块上的制动管并封住开口；

⑥ 松开两个紧固螺母并从支架上拆去液压模块。

(2)安装程序与拆卸程序相反

2. ABS系统液压模块拆装

(1)拆卸程序

① 拆卸液压模块和防抱死制动系统控制单元。

② 用台钳夹紧液压模块泵马达面朝下。

③ 从ABS控制模块拆下泵导线线束插头2，小心地将导线线束从夹头支架上压出。

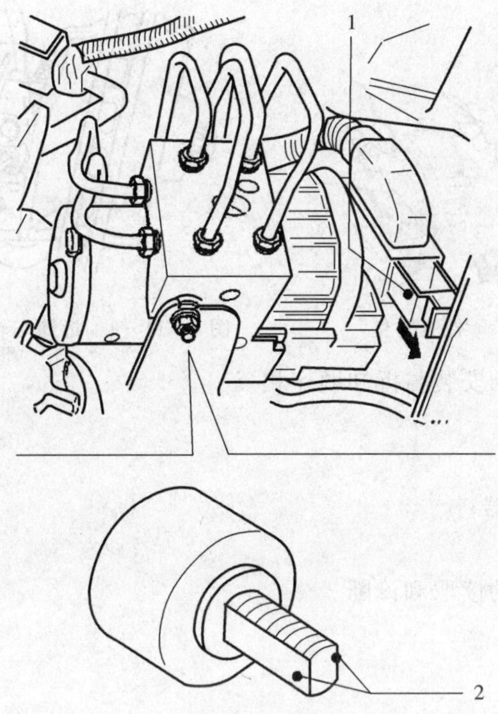

图 2-11-1　控制单元的拆卸

④ 拆卸紧固螺栓箭头，如图 2-11-2 所示。

⑤ 小心地从液压模块上拆卸防抱死制动系统控制单元，确保线圈支架没有损坏。断开位于线圈一侧的防抱死制动系统控制单元。

⑥ 检查衬垫位置是否正确，是否干净（图 2-11-3）。用指尖抚摸衬片，检查是否有断裂、表面粗糙凹痕等。如果密封面被损坏，防抱死制动系统控制单元必须予以更换。

⑦ 用不起毛的布小心地清理控制单元密封面。如果有厚重的衬片残余物沉积，将擦布在酒精中浸泡。

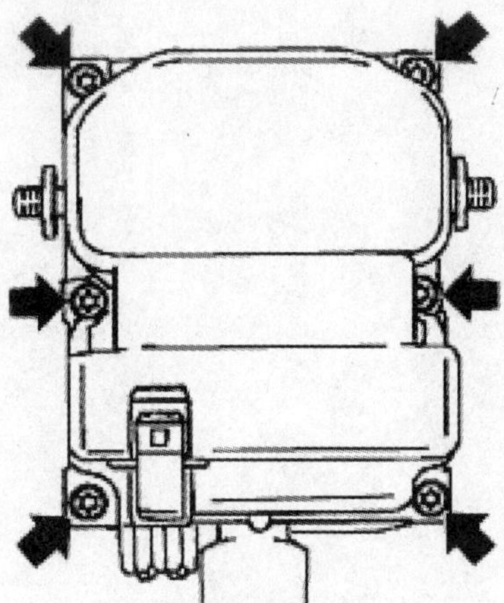

图 2-11-2　拆卸紧固螺栓

3. 车轮转速传感器拆装

(1)车轮转速传感器的拆卸（图 2-11-4）

① 松开并拆掉蓄电池上的接地线；

② 用起子从支架上拆卸车轮转速传感器导线插座并用起子分开；

③ 松开车轮转速传感器并撬出传感器。

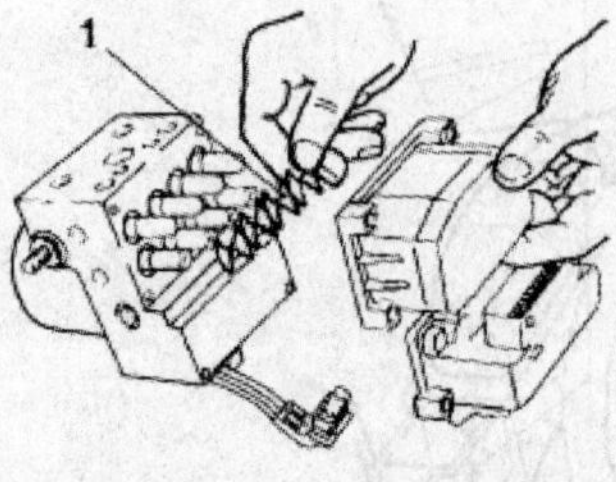

图 2-11-3　检查衬垫

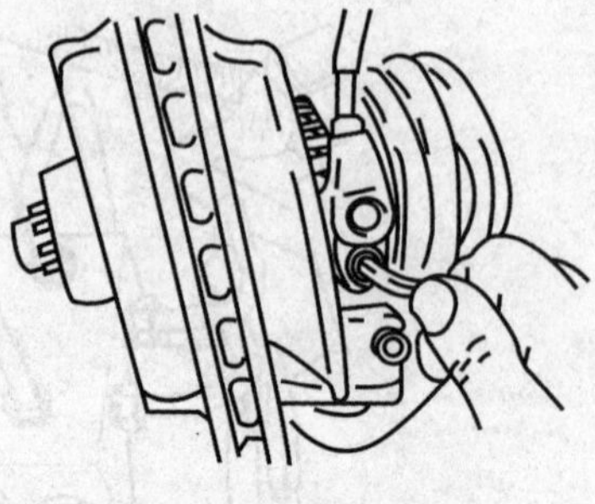

图 2-11-4　拆卸车轮转速传感器

(2)车轮转速传感器的安装与拆卸顺序相反

五、实验技能测试

1. 正确使用工具、仪器;
2. ABS 系统的拆装;
3. ABS 系统故障码的读取和诊断。

第三部分　汽车电器与电子设备实验

实验一　蓄电池的检测及维修

一、实验目的与要求

1. 加深对课堂上所学的关于蓄电池的构造、技术状况检查、蓄电池的充电、蓄电池常见故障及其排除方法等的印象。

2. 培养学生分析对比问题的能力、动手操作能力，培养学生严谨的实验作风、良好的实训习惯以及对本门课程的兴趣等。

二、实验内容

1. 常见蓄电池结构的认知；

2. 蓄电池常见故障的检测与维修。

三、实验设备

汽车起动用铅酸蓄电池；密度计；吸液器；万用表(multimeter)；温度计；高率放电计。

四、实验方法及步骤

1. 常用蓄电池的结构

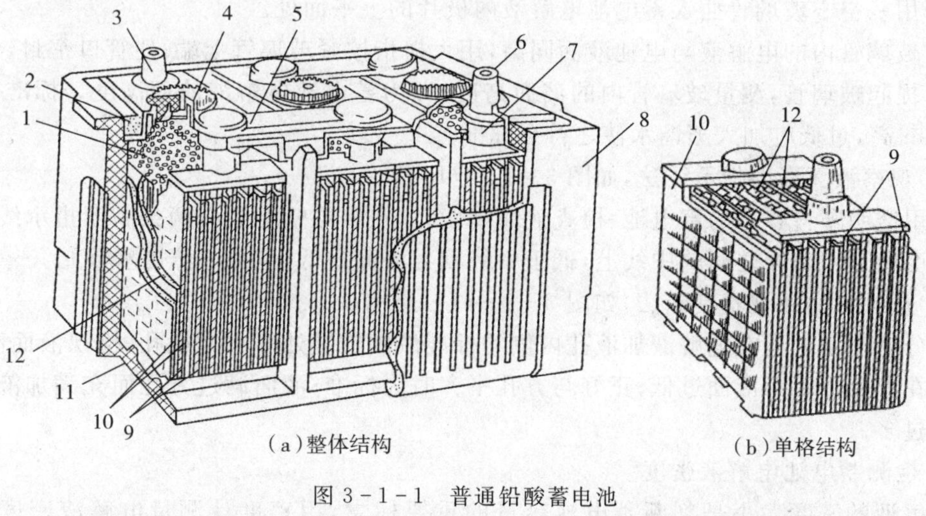

(a)整体结构　　(b)单格结构

图 3-1-1　普通铅酸蓄电池

1—护板；2—肋条；3—负极柱；4—加液孔螺塞；5—连接条(cell connector)；6—正极柱；7—电极衬套；8—外壳；9—正极板(positive plate)；10—负极板(negative plate)；11—肋条；12—隔板

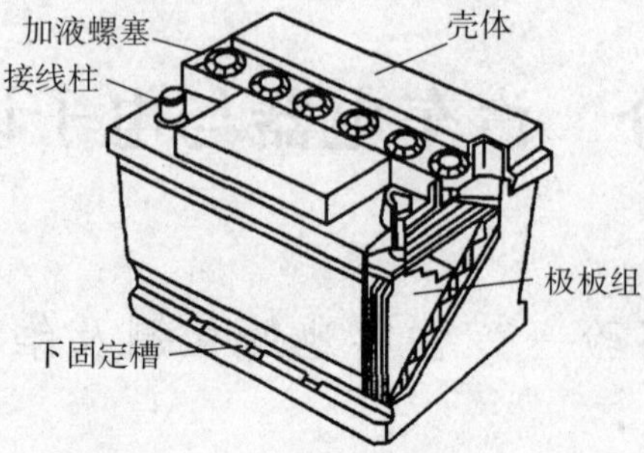

图 3-1-2　干荷式铅酸式蓄电池

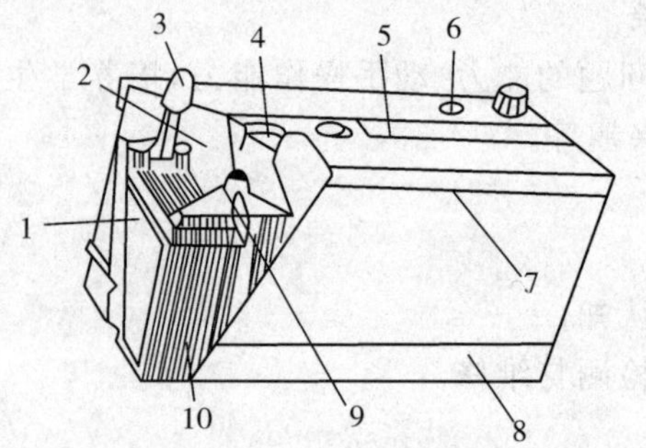

图 3-1-3　免维护铅酸蓄电池

1—极板组；2—极板上部；3—压铸成型密封式基极桩；4—安全同期装置；5—盖；
6—内装液体密度计；7—外壳与盖粘接处；8—外壳；9—穿壁式单格电池连接条；10—袋式隔板

2. 检测蓄电池液面高度

(1)用玻璃管测量法，如图 3-1-4(a)所示

① 用一空心玻璃管插入蓄电池电解液内极片的上平面处。

② 玻璃管内的电解液与电池液面同高，用大拇指按紧玻璃管上端，使管口密封。

③ 提起玻璃管，测量玻璃管内的液面高度，即为蓄电池电解液液面高度。标准值为 10～15 mm 高，过低应加入蒸馏水使之符合标准。

(2)观察液面高度指示线法，如图 3-1-4(b)所示

使用透明塑料容器的蓄电池，检查液面高度时，在容器壁上刻有两条高度指示线。正常液面高度应介于两线之间的中线上，低于中线则为液面过低，应加入蒸馏水补充。

(3)从加液面孔观察判断法，如图 3-1-4(c)所示

部分轿车蓄电池在电解液加液孔内侧的标准液面位置处开有方视孔，检视液面高度，观察液面在方孔下面为液面过低；正好与方孔平齐时为标准；液面满过方孔而充满加液口底部以上为过多。

3. 检测蓄电池电解液密度

电解液的密度大小是判断蓄电池容量的重要标志，用密度计测量电解液密度的步骤如下：

① 打开蓄电池的加液盖。

② 把密度计下端的橡皮管插入单格电池的加液孔内，如图 3－1－5 所示。

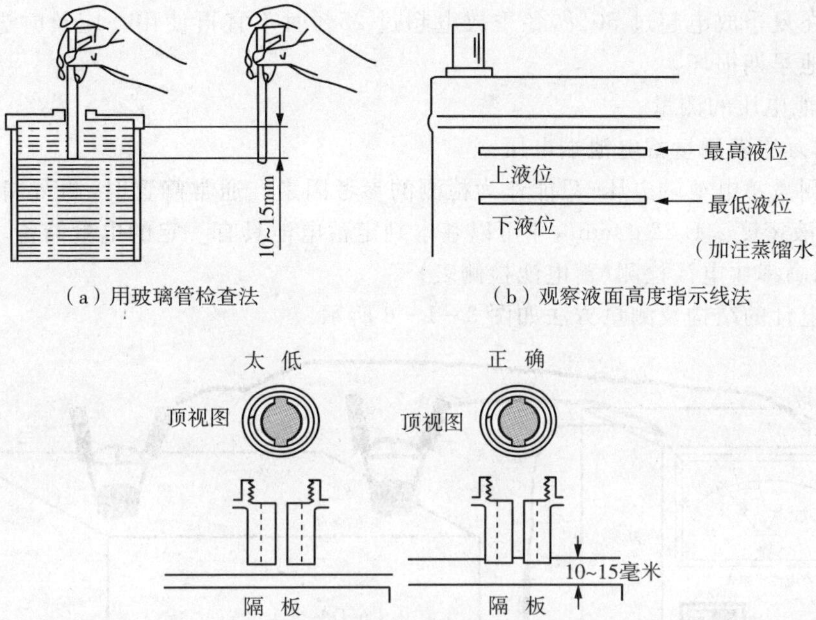

（a）用玻璃管检查法　（b）观察液面高度指示线法

（c）从加液孔观察图形法

图 3－1－4　电解液液面高度的检查

1—加液孔；2—玻璃管；3—外壳；4—防护板；5—极板组

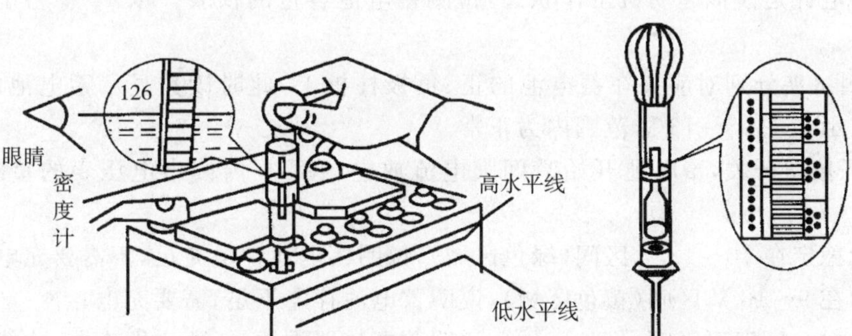

（a）密度计的构造　（b）测量电解液密度的方法

图 3－1－5　密度计及测量密度的方法

1—橡皮球；2—吸液玻璃管；3—密度计；4—吸嘴；5—密度计；6—温度计

③ 用手将橡皮球捏瘪，再慢慢放开，电解液就会被吸到玻璃管中。

④ 注意控制吸入时电解液不要过多或过少，以能将密度计浮子浮起而不会顶住为宜。

⑤ 使管内的浮子浮在玻璃管中央（不要相互接触），读密度计的读数。要求读数时使密

度计刻度线与眼睛平齐。

⑥ 放电程度的判断方法

电解液密度与放电程度的关系是：密度每下降 0.01 g/cm³ 相当于蓄电池放电 6%。当判定蓄电池在夏季放电超过 50%，冬季放电超过 25%时不宜再使用。应及时进行充电，否则会使蓄电池早期损坏。

4. 蓄电池电压的测量

(1)使用万用表测量蓄电池端电压

万用表测量蓄电池端电压，只能作为检测的参考因素。通常静置时，测量端电压≥12.6 V，并且电解液密度≥1.22 g/cm³，才可以基本判定蓄电池具有一定的电量储备。

(2)使用高率放电计检测(蓄电池检测表)

高率放电计的结构及测量方法如图 3-1-6 所示。

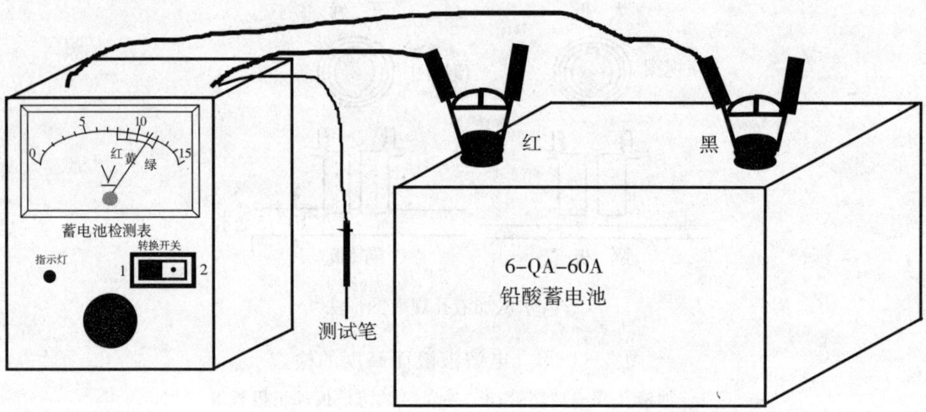

图 3-1-6 高率放电计的结构及测量方法

高率放电计是模拟起动机工作状态，检测蓄电池容量的仪表。以 12 V 蓄电池为例，使用方法如下：

① 将测试夹分别对应夹在蓄电池的正、负极柱桩上，此时读数显示蓄电池的空载电压值。通常显示在 11.8～13 V 范围内为正常。

② 按下按钮开关，蓄电池开始瞬间大电流放电，在 5 s 内读出电压表的负载电压指示数值。

若指针稳定在 10～12 V 区间(绿色区域)，说明蓄电池存电充足，不需要充电；

若指针在 9～10 V 区间(黄色区域)，说明蓄电池存电不足，需要充电；

若指针在 9 V 以下区间(红色区域)，说明蓄电池严重亏电，要立即充电，才能使用。

如果空载电压基本符合要求，但负载时指针迅速下降至红色区域以下，说明蓄电池已经损坏。

注意：此项测量不能连续进行，必须间隔 1 min 后才可以再次检测，以防止蓄电池损坏。

测量电压与放电程度的关系见表 3-1-1 所列。

表 3-1-1 蓄电池测量电压与放电程度的关系

蓄电池开路端电压(V)	≥12.6	12.4	12.2	12.0	≤11.7
高率放电计检测值(V)	10～12	9～10		≤9	
高率放电计检测单格值(V)	1.7～1.8	1.6～1.7	1.5～1.6	1.4～1.5	1.3～1.4
放电程度(%)	0	25	50	75	100

5. 蓄电池的充电作业方法通常有:定压充电、定流充电和脉冲快速充电三种。从延长蓄电池使用寿命角度出发,建议采用恒流充电方式。

蓄电池的充电作业根据使用情况,分初充电和补充充电两种工艺过程,蓄电池恒流充电规范见表 3-1-2 所列。

表 3-1-2 蓄电池恒流充电规范

蓄电池型号	额定容量 C_{25} (A·h)	额定电压(V)	初充电				补充充电			
			第一阶段		第二阶段		第一阶段		第二阶段	
			充电电流(A)	时间(h)	充电电流(A)	时间(h)	充电电流(A)	时间(h)	充电电流(A)	时间(h)
3－Q－75	75	6	5.25	30～40	2.25	25～30	7.5	10～12	3.75	3～5
3－Q－90	90	6	6.3	30～40	2.7	25～30	9	10～12	4.5	3～5
3－Q－120	120	6	8.4	30～40	3.6	25～30	12	10～12	6	3～5
6－Q－60	60	12	4.2	30～40	1.8	25～30	6	10～12	3	3～5
6－Q－90	90	12	6.3	30～40	2.7	25～30	9	10～12	4.5	3～5
6－Q－105	105	12	7.35	30～40	3.15	25～30	10.5	10～12	5.25	3～5
6－Q－120	120	12	8.4	30～40	3.6	25～30	12	10～12	6	3～5
6－QA－36	36	12	2.5	30～40	1	25～30	3.6	10～12	1.8	3～5
6－QA－40	40	12	2.8	30～40	1.2	25～30	4	10～12	2	3～5
6－QA－60	60	12	4.2	30～40	1.8	25～30	6	10～12	3	3～5
6－QA－75	75	12	5.25	30～40	2.25	25～30	7.5	10～12	3.75	3～5
6－QA－100	100	12	7	30～40	3	25～30	10	10～12	5	3～5

蓄电池充电作业注意事项:

(1)严格遵守各种充电方法的操作规范。

(2)充电过程中,要及时检查记录各单格电池电解液密度和端电压。在充电初期和中期,每 2 h 检查记录一次即可,接近充电终了时,每 1 h 检查记录一次。如发现个别单格电池的端电压和电解液密度上升比其他单格电池缓慢,甚至变化不明显时,应停止充电,及时查明原因,消除故障。或单独进行小电流充电,使其恢复正常后,再与其他电池一起充电。

(3)整个充电过程中必须随时测量各单格电池的温度,以免温度过高影响蓄电池的性能。当电解液温度上升到40℃时,应立即将充电电流减半。减小充电电流后,如果电解液温度仍继续升高,应该停止充电。待温度降低到35℃以下时,再继续充电,也可以采用风冷或水冷的方法降温。

(4)初充电作业应连续进行,不可长时间间断。

(5)充电时,应旋开出气孔盖,使产生的气体能顺利逸出,以免发生事故。

(6)充电室要安装通风和防火设备。在充电过程中,严禁烟火。

五、实验技能测试

1.将所测量的密度值、温度值与修正后的电解液密度值,以及根据密度下降的程度计算出的蓄电池剩余电量填入表3-1-3。

表3-1-3　蓄电池密度测量记录　　　　(测量温度______℃)

参数 / 单格	1	2	3	4	5	6
测量值(g/cm^3)						
剩余电量(%)						

注意:此项测量应该避免在蓄电池刚加入蒸馏水或者大电流放电过后进行,否则因为蓄电池内部电解液不平衡会使测量结果产生较大误差。

2.采用恒流充电方法对蓄电池进行充电作业,将充电过程蓄电池参数的变化记录在表3-1-4中。然后根据记录数据绘制蓄电池充电特性曲线。

表3-1-4　蓄电池充电记录　　　　(环境温度______℃)

<table>
<tr><td colspan="2">蓄电池规格型号</td><td colspan="5"></td><td colspan="5">充电机规格型号</td><td colspan="4"></td></tr>
<tr><td colspan="2">充电前蓄电池状态</td><td colspan="14">密度:______;端电压:______;高率放电计测量电压值:______;
剩余电量:______。</td></tr>
<tr><td rowspan="4">一阶段充电记录</td><td>时间(h)</td><td></td><td></td><td></td><td></td><td></td><td></td><td></td><td></td><td></td><td></td><td></td><td></td><td></td><td></td></tr>
<tr><td>密度(g/cm^3)</td><td></td><td></td><td></td><td></td><td></td><td></td><td></td><td></td><td></td><td></td><td></td><td></td><td></td><td></td></tr>
<tr><td>端电压(V)</td><td></td><td></td><td></td><td></td><td></td><td></td><td></td><td></td><td></td><td></td><td></td><td></td><td></td><td></td></tr>
<tr><td>内部温度(℃)</td><td></td><td></td><td></td><td></td><td></td><td></td><td></td><td></td><td></td><td></td><td></td><td></td><td></td><td></td></tr>
<tr><td rowspan="4">二阶段充电记录</td><td>时间(h)</td><td></td><td></td><td></td><td></td><td></td><td></td><td></td><td></td><td></td><td></td><td></td><td></td><td></td><td></td></tr>
<tr><td>密度(g/cm^3)</td><td></td><td></td><td></td><td></td><td></td><td></td><td></td><td></td><td></td><td></td><td></td><td></td><td></td><td></td></tr>
<tr><td>端电压(V)</td><td></td><td></td><td></td><td></td><td></td><td></td><td></td><td></td><td></td><td></td><td></td><td></td><td></td><td></td></tr>
<tr><td>内部温度(℃)</td><td></td><td></td><td></td><td></td><td></td><td></td><td></td><td></td><td></td><td></td><td></td><td></td><td></td><td></td></tr>
<tr><td colspan="2">充电后蓄电池状态</td><td colspan="14">密度:______;端电压:______;高率放电计测量电压值:______;
储存电量:______。</td></tr>
</table>

实验二　硅整流交流发电机及调节器的检测与维修

一、实验目的与要求

1. 学习拆解检修及装配发电机作业的基本方法；
2. 掌握发电机的检测方法；
3. 掌握电压调节器的检测方法；
4. 掌握发电线路的连接方法。

二、实验内容

1. 交流发电机基本结构的认知与常见故障的检修；
2. 电压调节器的检测。

三、实验设备

硅整流发电机；调节器(regulator)；蓄电池；电动机；万用表；维修工具；若干导线。

四、实验方法及步骤

1. 汽车交流发电机的基本结构

常见汽车交流发电机的基本结构如图 3-2-1 所列。

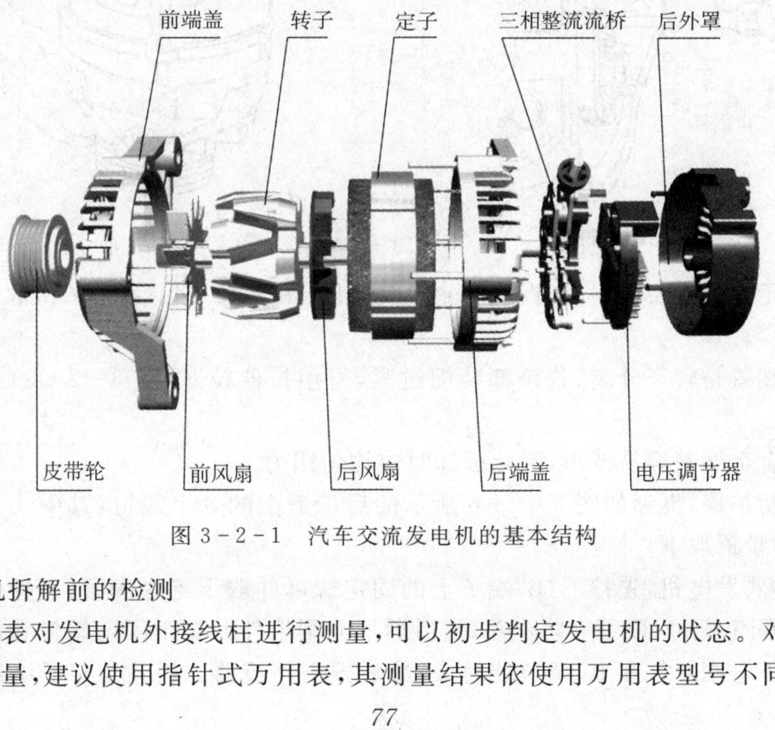

图 3-2-1　汽车交流发电机的基本结构

2. 发电机拆解前的检测

使用万用表对发电机外接线柱进行测量，可以初步判定发电机的状态。对于普通发电机拆解前的测量，建议使用指针式万用表，其测量结果依使用万用表型号不同，略有差异。

常用发电机各接线柱间电阻值见表 3-2-1 所示。

表 3-2-1　常用发电机各接线柱间电阻值

发电机型号	"F"与"E"间电阻(Ω)	"B"与"E"间电阻(Ω)		"N"与"E"或"B"间电阻(Ω)	
		正向	反向	正向	反向
JF11、13、15、21、132N	4～7	40～50	≥10 k	10～15	≥10 k
JWF14(无刷)	3.5～3.8	40～50	≥10 k	10～15	≥10 k
夏利 JFZ1542	2.8～3.0	40～50	≥10 k	10～15	≥10 k
桑塔纳 JFZ1913	2.8～3.0	65～80	≥10 k	10～15	≥10 k

3. 发电机拆解作业

发电机的拆解按照以下操作步骤进行：

(1)拆下电刷及电刷架(外装式)紧固螺钉，取下电刷架总成，如图 3-2-2 所示。

(2)在前后端盖上做记号，拆下连接前后端盖的紧固螺栓(图 3-2-3)，将其分解为与转子结合的前端盖和与定子连接的后端盖两大部分。

注意：不能单独将后端盖分离下来，否则会扯断定子绕组与整流器的连接线(即三相定子绕组端头)。

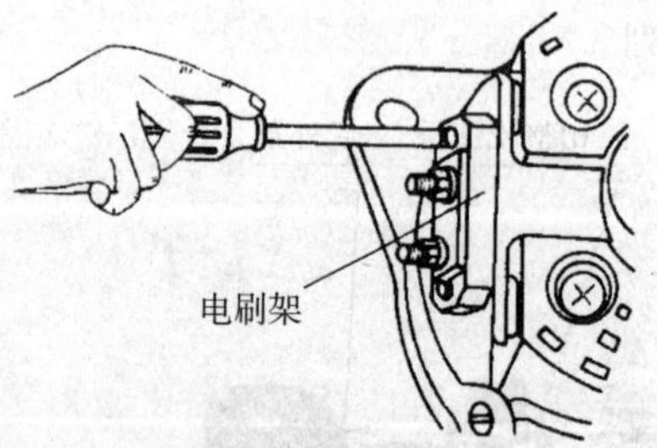

图 3-2-2　电刷架拆解

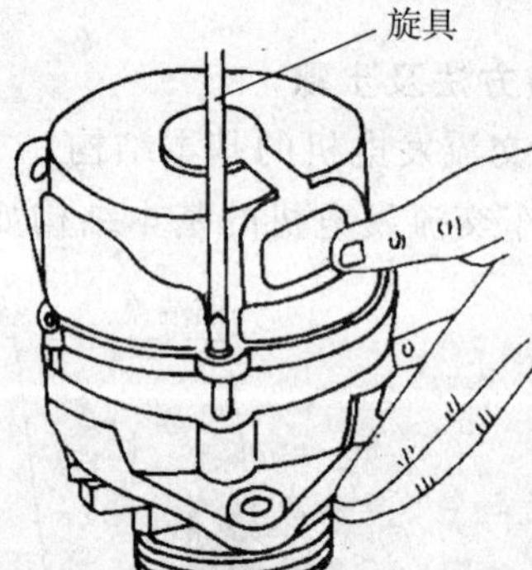

图 3-2-3　前、后端盖的分解

(3)将转子夹紧在台虎钳上，拆下带轮紧固螺母(图 3-2-4)后，可依次取下带轮、风扇、半圆键、定位套。

(4)将前端盖与转子分离，若该部装配过紧，可用拉器拉开(图 3-2-5)或用木槌轻轻敲，使之分离。

注意：铝合金端盖容易变形，因此拆卸时应均匀用力。

(5)拆掉防护罩，拆掉如图 3-2-6 所示的后端盖上的 3 个螺钉(其中③兼作"—"接线柱)，即可将防护罩取下。

对于整体式发电机，先拧下"B"端子上的固定螺母并取下绝缘套管；再拧下后防尘盖上 3 个带垫片的固定螺母，取下后防尘盖；然后拆下电刷组件的 2 个固定螺钉和调节器的 3 个固定螺钉，取下电刷组件和 IC 调节器总成；最后拧下整流器二极管与定子绕组的引线端子的连接螺钉，取下整体式整流器总成。

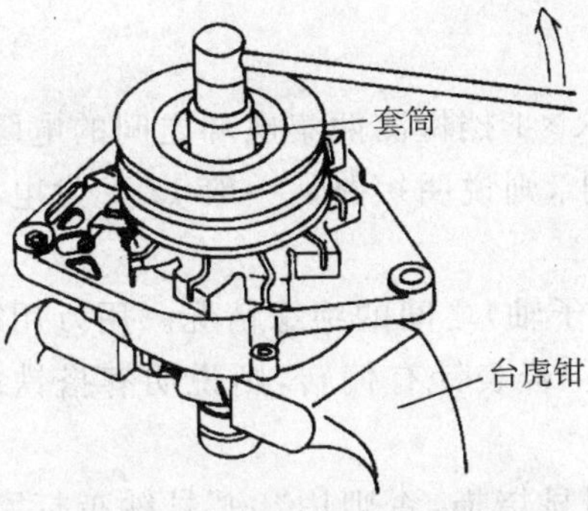

图 3－2－4　皮带轮的分解

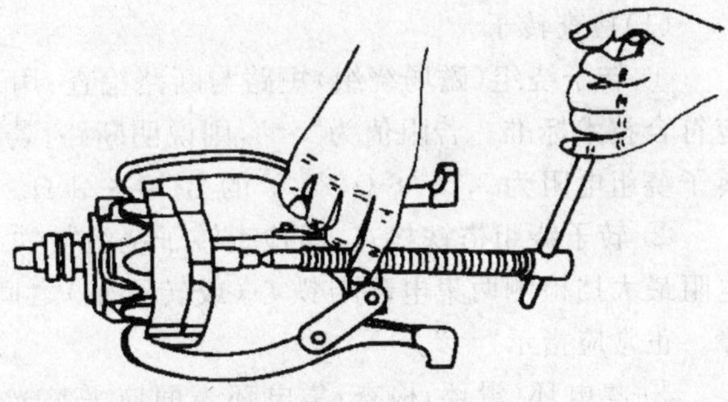

图 3－2－5　前端盖的分解

(6)拆下定子上 4 个接线端(三相绕组首端及中性点)在散热板上的连接螺母，如图 3－2－7所示，使定子与后端盖分离。

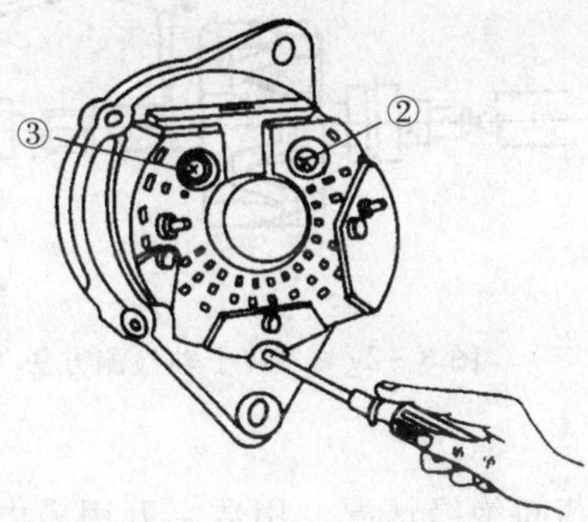

图 3－2－6　后端盖的分解

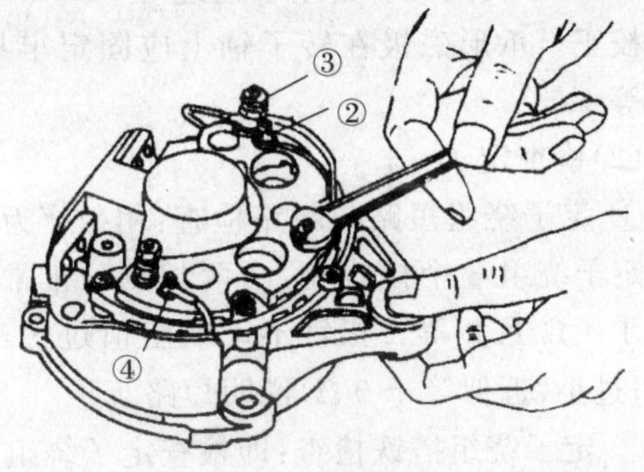

图 3－2－7　定子线圈与整流板的分解

(7)拆下后端盖上紧固整流器总成的螺钉，取下电压调节器(整体式)、整流器总成(图 3－2－8)。

注意：若经检验所有二极管均良好，该步骤可不进行。

(8)零部件的清洗

对机械部分可用煤油或清洗液清洗，对电气部分如绕组、散热板及全封闭轴承等宜用干净的棉纱擦拭除去表面尘土、脏污。

发电机的拆解要按照工艺要求进行，禁止生敲硬卸而损坏机件。拆解的零件要按照规范清洗并按顺序摆放。对于有问题的零件和拆解复杂部位的顺序和连接方法，必要时要有详细记录。

4. 发电机的检测

发电机拆解后检测转子、定子的电阻值及绝缘

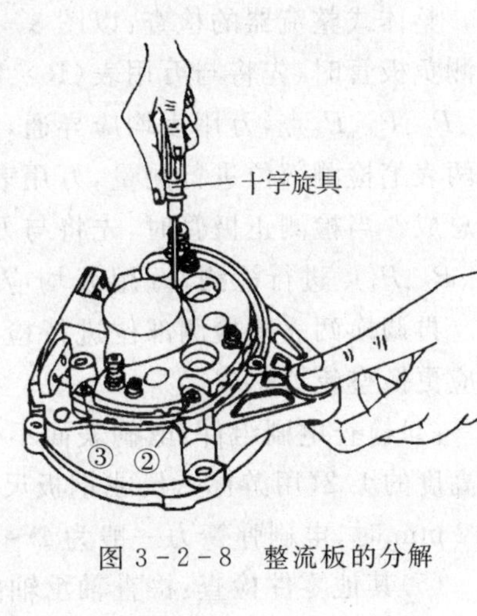

图 3－2－8　整流板的分解

电阻,既可以使用指针式万用表,也可以使用数字式万用表。对于线圈电阻的测量,为取得较准确的数值,建议使用数字万用表。

(1)检查转子

① 转子绕组(磁场绕组)短路与断路检查:用万用表 R×1 挡检测两集电环之间的电阻,应符合技术标准。若阻值为"∞",则说明断路;若阻值过小,则说明短路。一般 12 V 发电机转子绕组电阻为 3.5~6 Ω,24 V 的为 15~21 Ω。

② 转子绕组搭铁检查:即检查转子绕组与铁心(或转子轴)之间的绝缘情况。用万用表电阻最大挡检测两集电环与铁心(或转子轴)之间的电阻,若表针有偏转,则说明有搭铁故障。正常应指示"∞"。

③ 集电环(滑环)检查:集电环表面应平整光滑,无明显烧损,否则用"00"号纱布打磨。两集电环间隙处应无污垢。集电环圆度误差不超过 0.025 mm,厚度不小于 1.5 mm。

④ 转子轴检查:转子轴检测方法如图 3-2-9 所示。用百分表检查轴的弯曲,弯曲度不超过 0.05 mm(径向圆跳动公差不超过 0.1 mm),否则应予校正。爪形磁极在转子轴上应固定牢靠,间距相等。

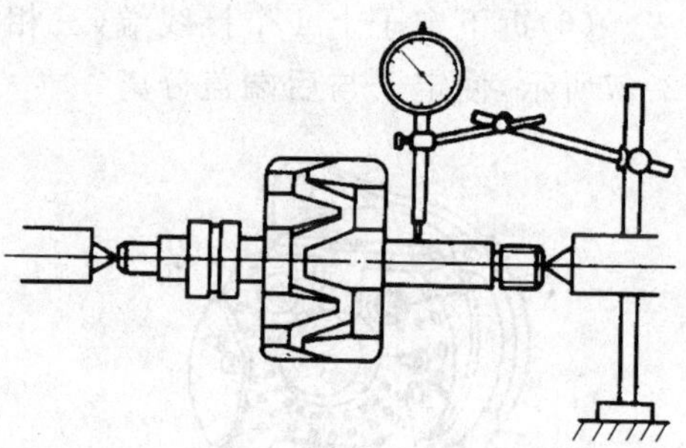

图 3-2-9　转子轴检测方法

(2)检查定子

① 定子绕组短路与断路检查:用数字万用表检测定子绕组 3 个接线端,两两相测。正常时阻值小于 1 Ω 且相等。指针不动或阻值过大,说明断路;过小(近似等于 0 Ω)说明短路。

② 定子绕组搭铁检查:即检查定子绕组与定子铁芯间绝缘情况。用数字万用表电阻最大挡检测定子绕组接线端与定子铁芯间的电阻,若绝缘电阻≤100 kΩ,则说明有搭铁故障。正常应指示趋于"∞"。

(3)检查整流器

整体式整流器的检查:以图 3-2-10 夏利轿车 JFZ1542 型整体式发电机为例说明。当检测负极管时,先将与万用表(R×1 挡)黑表笔接"E"端(图中有 3 个部位),红表笔分别接 P_1、P_2、P_3、P_4 点,万用表均应导通,如不通,说明该负极管断路,则应更换整流器总成。再调换两表笔检测部位进行测量,万用表应不导通。如导通,说明该负极管短路,亦需更换整流器总成。当检测正极管时,先将与万用表红表笔接整流器端子"B";另一只表笔分别接 P_1、P_2、P_3、P_4 点进行检测,万用表均应导通。如不通,说明该正极管断路,则应更换整流器总成。再调换两表笔检测部位进行检测,此时万用表应不导通。如导通,说明该正极管短路,亦应更换整流器总成。

(4)检查电刷组件:电刷表面不得有油污,且应在电刷架中活动自如,电刷磨损不得超过原高度的 1/2(用游标卡尺或钢板尺检测)。检测电刷弹簧压力时,当电刷从电刷架中露出长度 2 mm 时,电刷弹簧力一般为 2~3 N。电刷架应无烧损、破裂或变形。

(5)其他零件检查:检查轴承轴向和径向间隙均不应大于 0.20 mm,滚珠、滚道无斑点,轴承无转动异响。检查前后端盖、皮带轮等应无裂损,绝缘垫应完好。

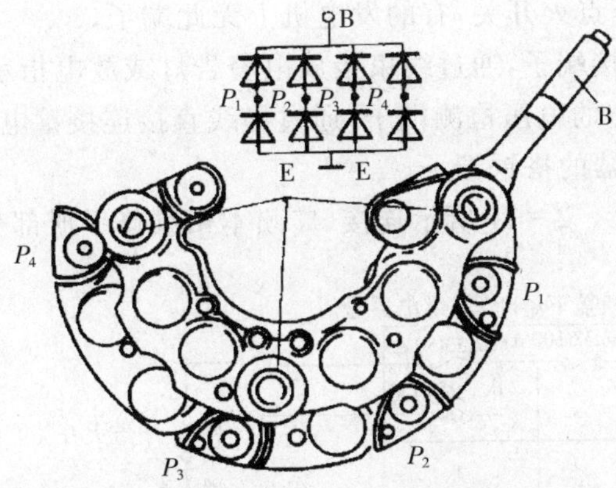

图 3-2-10　夏利轿车 JFZ1542 型整体式发电机整流板

5. 发电机的装配

(1)将整流器装到后端盖上

参见图 3-2-8，拧上 3 颗固定螺钉，整流器即被固定在后端盖上。

应注意各绝缘垫片不能漏装。装复后用万用表电阻挡测量“B”接线柱与端盖间电阻应为∞，测量两散热板之间及绝缘散热板与端盖之间电阻，均应为∞。若上述电阻较小或者为零，表明漏装了绝缘垫片或套管，应拆开重装。

(2)将定子总成与后端结合

装定子绕组上的 4 个接线端子从后端盖孔中穿出，将接线端分别连接在整流器的接线螺钉上，如图 3-2-7 所示。

(3)将前端盖装到转子轴上

先将前端盖上的轴承、轴承盖安装并紧固好，再将该部分套到转子轴上，若过盈量较大，可用木槌轻轻敲入。

(4)将后端盖、定子装到转子轴上

应注意使前后端盖上发电机安装挂脚位置恰当(符合拆解标记)。上述两大部分结合后，穿上前、后端盖紧固螺栓并分几次拧紧。注意各螺栓的拧紧不可一次完成，应轮流进行，并且不断转动转子。若转子运转受阻或者内部有摩擦，应调整拧紧力矩。

(5)装配风扇、带轮

在转子轴上套上定位套、安装半圆键、风扇叶片、带轮、弹簧垫圈，拧紧带轮紧固螺母，如图 3-2-4 所示。

(6)装复后端盖上的防护罩，如图 3-2-6 所示。

(7)安装电刷架总成，如图 3-2-2 所示。

(8)检验装配质量

使用万用表检测各接线柱与外壳间的电阻值，应该符合参数要求。否则应该拆解重装。

6. 发电机线路连接

(1)首先熟悉发电机端盖上常见的符号含义

“B+”(或“+B”、“BATT”)为发电机输出端子，用一根粗导线连接至蓄电池正极或起动机上。

“IG”通过线束连接至点火开关,有的发电机上无此端子。

“L”为放电警告灯连接端子,通过线束接放电警告灯或放电指示继电器。

“S”(或“R”)为调节器的电压检测端子,通过导线直接连接连接蓄电池的正极。

“E”为发电机和调节器的搭铁端子。

(2)线路连接按照图 3-2-11 所示连接(广州本田维修手册部分电路图)

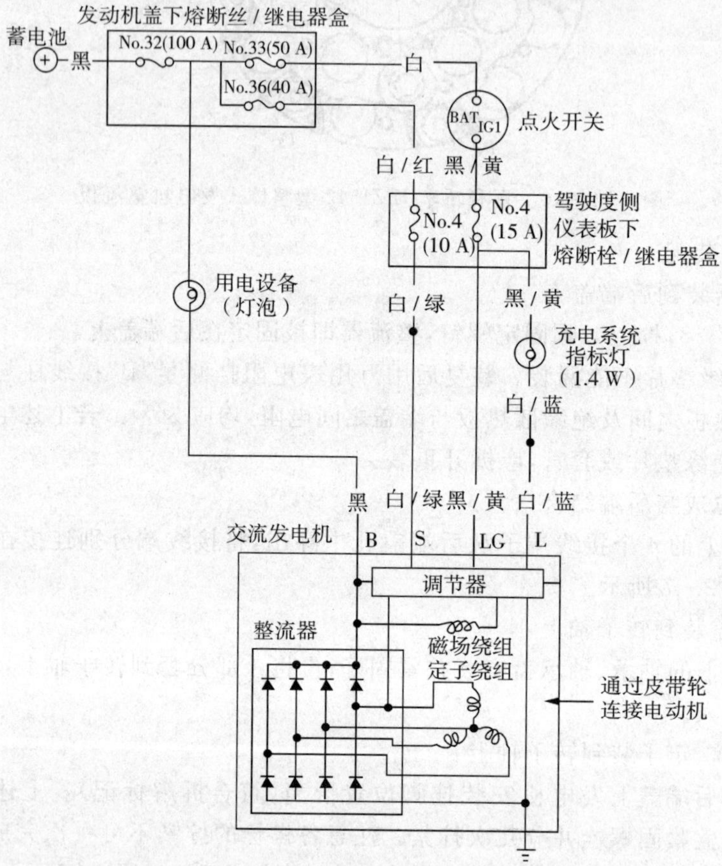

图 3-2-11 电源系统电路图

五、实验技能测试

1. 将测量发电机结果填入表 3-2-2 中,并据此判断发电机状态。

表 3-2-2 发电机测量结果

(使用万用表型号及挡位:__________)

发电机型号	“F”与“E”间电阻(Ω)	“B”与“E”间电阻(Ω)		“N”与“E”或“B”间电阻(Ω)	
		正向	反向	正向	反向

2. 将发电机的检测记录于表 3－2－3。

表 3－2－3　发电机测量记录　　（万用表型号：＿＿＿＿＿＿）

<table>
<tr><td colspan="2">转子阻值(Ω)</td><td></td><td colspan="2">转子绝缘电阻</td><td></td><td colspan="2">定子阻值(Ω)</td><td></td><td colspan="2">定子绝缘电阻</td></tr>
<tr><td rowspan="4">二极管测量</td><td>二极管编号</td><td>1</td><td>2</td><td>3</td><td>4</td><td>5</td><td>6</td><td>7</td><td>8</td><td>9</td></tr>
<tr><td>正向测量值(Ω)</td><td></td><td></td><td></td><td></td><td></td><td></td><td></td><td></td><td></td></tr>
<tr><td>数字表测量值(mV)</td><td></td><td></td><td></td><td></td><td></td><td></td><td></td><td></td><td></td></tr>
<tr><td>反向测量值(kΩ)</td><td></td><td></td><td></td><td></td><td></td><td></td><td></td><td></td><td></td></tr>
<tr><td colspan="2">集电环检测记录</td><td colspan="9"></td></tr>
<tr><td colspan="2">转子轴检测记录</td><td colspan="9"></td></tr>
<tr><td colspan="2">碳刷检测记录</td><td colspan="9"></td></tr>
<tr><td colspan="2">轴承、端盖检测记录</td><td colspan="9"></td></tr>
</table>

实验三 起动系统的检测与维修

一、实验目的与要求

1. 了解起动机各零件的名称和作用，熟悉常规起动机与减速起动机的区别；
2. 掌握起动机的拆装顺序；
3. 掌握对起动机进行简单测量的方法；
4. 学习拆解检修及装配起动机作业的基本方法；
5. 掌握起动系统的线路连接方法。

二、实验内容

1. 起动机的拆装；
2. 起动机的拆解检修与装配。

三、实验设备

常规起动机(starter)；减速起动机；起动机继电器(starter relay)；万用表；点火开关；维修工具；导线若干。

四、实验方法及步骤

1. 汽车起动机的基本结构

常规汽车起动机的基本结构如图 3－3－1 所示。

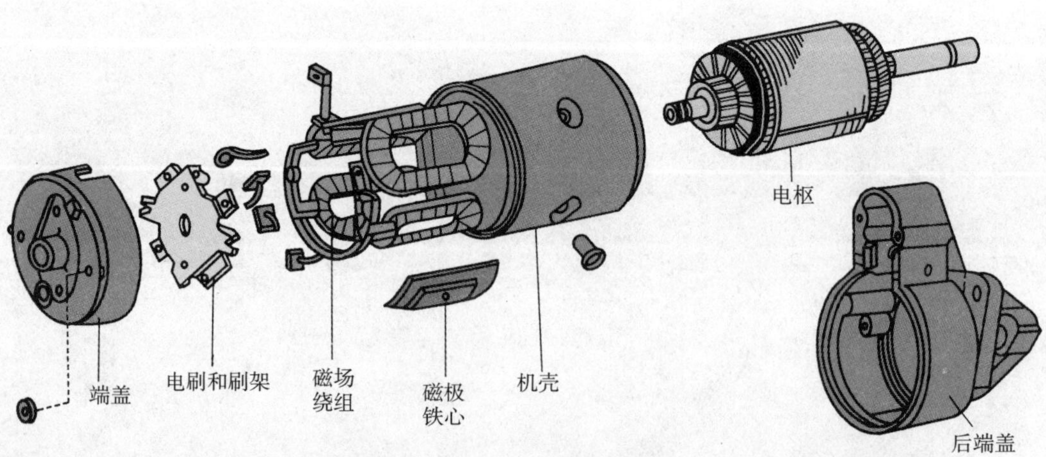

图 3－3－1 汽车常规起动机结构

减速起动机的基本结构如图 3－3－2 所示。

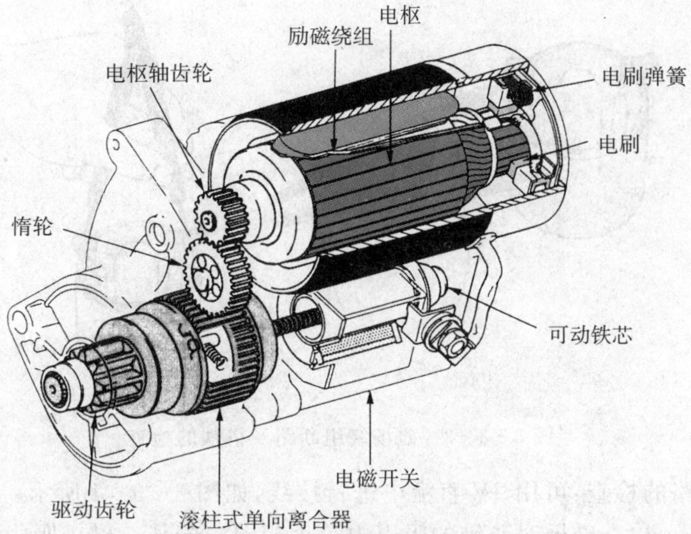

图 3-3-2　减速起动机的结构

2. 起动机拆解和清洗(以常规起动机为例)

(1)首先将待修起动机外部的尘污、油污清除。

(2)拆下连接片与电磁开关,取下电磁铁芯。

(3)拆下防尘箍,用钢丝钩子提起电刷弹簧取出电刷(共4只)。

(4)拆下起动机贯穿螺栓,使后端盖、起动机外壳、电枢分离。

(5)取下拨叉支承销,取下驱动端盖、拨叉与转子总成。

(6)用专用工具拆下止推座圈,取下驱动齿轮、单向离合器。

各总成是否继续进一步分解,应视具体情况而定。

(7)对分解的零部件进行清洗。清洗时,对所有的绝缘部件,只能用干净布蘸少量汽油擦拭,其他机械零件均可放入汽油、煤油或柴油中洗刷干净并晾干。

注意:减速起动机拆装顺序在第(5)步骤之后增加一个减速齿轮机构的拆装过程,其余步骤均和常规起动机拆装一致。

3. 起动机主要部件的检测

(1)直流电动机的检修

① 磁场绕组(magnetic coil)(定子)的检查,如图 3-3-3 所示。磁场绕组断路的检查:首先通过外部验视,看其是否有烧焦或断路处,若外部验视未发现问题,可用万用表电阻 R×1 Ω 挡检测。两表笔分别接触起动机外壳引线(即电流输入接线柱)与磁场绕组绝缘电刷接头是否导通,如果测得的电阻无穷大,说明磁场绕组断路,应予以检修或更换。

磁场绕组搭铁的检查:用万用表电阻 R×10 k 挡(或数字万用表高阻挡)检测磁场绕组电刷接头与起动机外壳是否相通,如果相通,说明磁场绕组绝缘不良而搭铁;如果阻值较小,说明有绝缘不良处,应检修或更换磁场绕组。

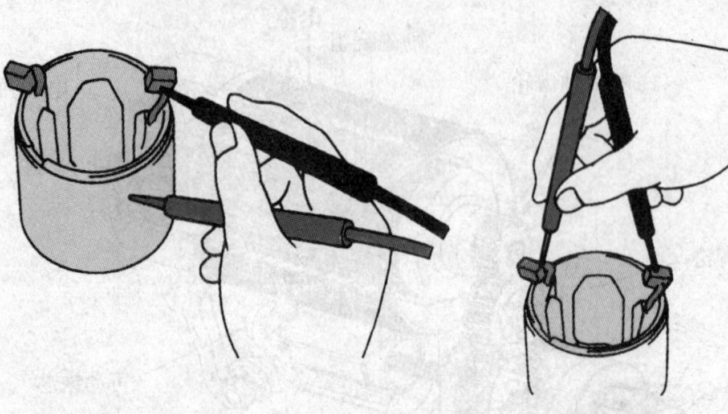

(a)　　　　　　　　　　　(b)

图 3-3-3　磁场绕组断路及搭铁的检查

磁场绕组短路的检查：可用 2V 直流电进行接线，如图 3-3-4 所示。电路接通后，将改锥放在每个磁极上，检查磁极对改锥的吸引力是否相同。若某一磁极吸力太小，就表明该磁场绕组有匝间短路故障存在。

使用万用表对电枢绕组搭铁的检查：用电阻 R×10 k 挡检测，如图 3-3-5 所示，用一根表笔接触电枢，另一根表笔依次接触换向器铜片。万用表指针不应摆动即电阻为无穷大，否则说明电枢绕组与电枢轴之间绝缘不良，有搭铁之处。

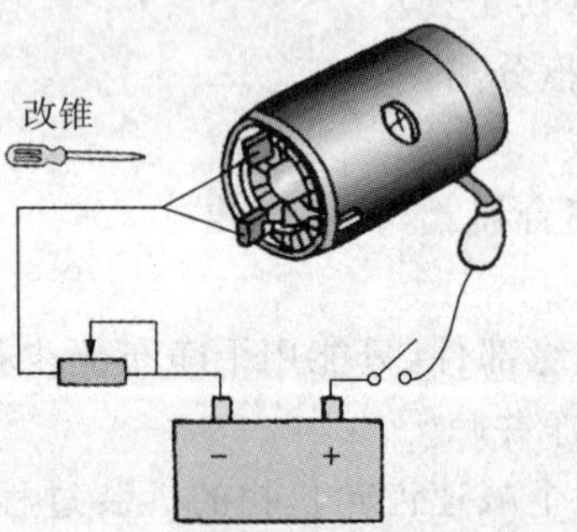

图 3-3-4　磁场绕组短路的检查

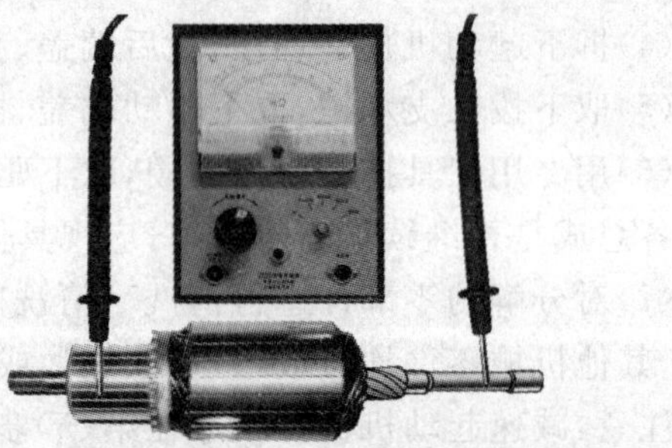

图 3-3-5　检测电枢轴与电枢绕组之间的绝缘电阻

使用万用表对电枢绕组的短路检查：用电阻 R×1Ω 挡检查换向器和电枢铁芯之间是否导通，如图 3-3-6 所示。如有导通现象，说明电枢绕组搭铁，应更换电枢。

使用万用表对电枢绕组断路的检查：用电阻 R×1Ω 挡，将两个表笔分别接触换向器相邻的铜片，如图 3-3-7 所示，测量每相邻两换向片间是否相通，如万用表指针指示“0”，说明电枢绕组无断路故障；若万用表指针在某处不摆动，即电阻值为无穷大，说明此处有断路故障，应更换电枢。

对于磁场绕组的断路、短路、搭铁故障都应对其检修或更换。

② 电枢(armature)轴的检查

用千分表检查电枢轴是否弯曲，如图 3-3-8 所示。若铁芯表面摆差超过 0.15 mm 或中间轴颈摆差大于 0.05 mm 时，均应进行校正或更换。另外，还应检查电枢轴上的花键齿槽，如严重磨损或损坏，则应修复或更换。

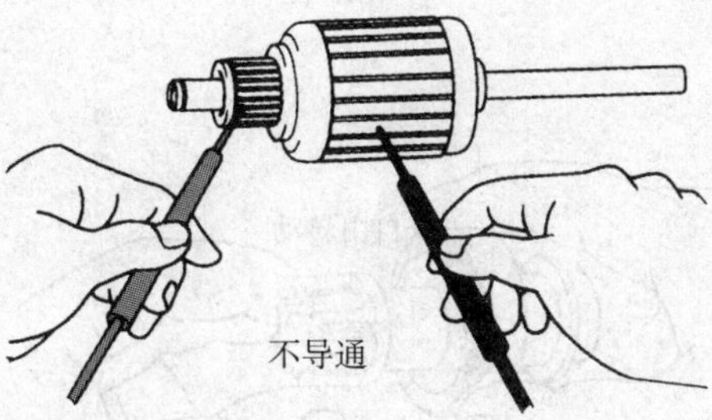

图 3-3-6 电枢绕组搭铁的检查

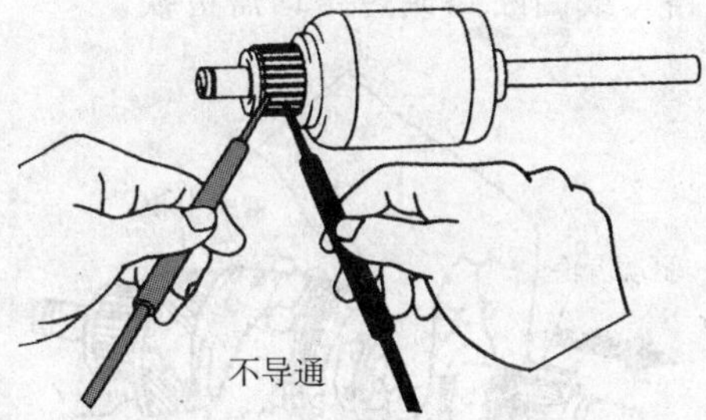

图 3-3-7 电枢绕组断路的检查

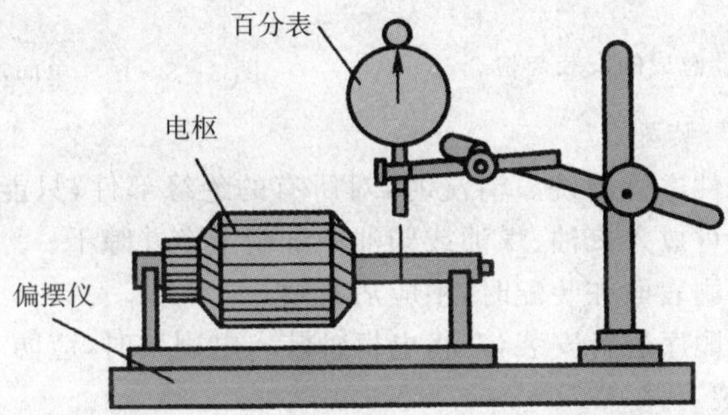

图 3-3-8 电枢轴弯曲度的检验

③ 电刷(brush)的检查

检查电刷的高度:电刷高度应不低于新电刷高度的 2/3(国产起动机新电刷高度一般为 14 mm),即 7～10 mm,否则应换新。

检查电刷架的接触面积:电刷与整流子表面之间的接触面积应达到 75%以上,否则应研磨电刷。

(2)传动机构的检修

① 检查拨叉:拨叉应无变形、断裂、松旷等现象,回位弹簧应无锈蚀、弹力正常,否则应更换。

② 驱动齿轮的检查:驱动齿轮的齿长不得小于全齿长的 1/3(如解放牌与跃进牌汽车的齿长不应短于 16 mm),且不得有缺损、裂痕,否则应予更换;齿轮磨损严重或扭曲变形时,也应以更换。

③ 单向离合器的安装与检查

如图 3-3-9 所示,将单向离合器及驱动齿轮总成装到电枢轴上,握住电枢 1,当转动单向离合器外座圈 2 时,驱动齿轮总成应能沿电枢轴自如滑动。

如图 3-3-10 所示,在确保驱动齿轮无损坏的情况下,握住外座圈,转动驱动齿轮,应能自由转动;反转时不应转动,否则就有故障,应更换单向离合器。

电磁开关线圈的检查:电磁开关圈的检查,用万用表 R×1Ω 挡分别测量吸引线圈和保持线圈的电阻,吸引线圈的电阻值一般在 0.6 Ω 以下,而保持线圈的阻值一般在 1 Ω 左右。如万用表指针不摆动即电阻无穷大,说明线圈断路;若电阻值小于规定值,说明线圈有匝间短路。线圈断路或短路均需更换。

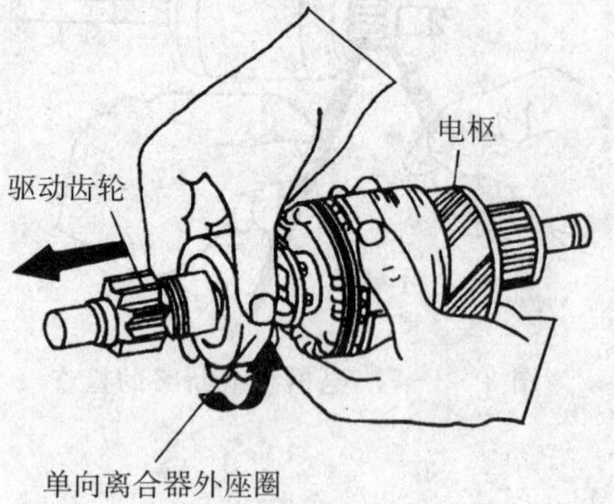

图 3-3-9　单向离合器总成的安装与检查

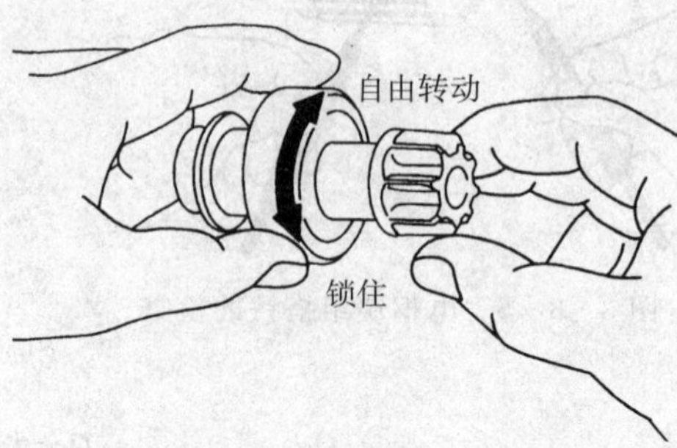

图 3-3-10　单向离合器的进一步检查

4. 起动机的清洗与装配

(1)对分解的零部件进行清洗。清洗时，对所有的绝缘部件，只能用干净布蘸少量汽油擦拭，其他机械零件均可放入汽油、煤油或柴油中洗刷干净并晾干。

注意:整流片及电刷表面在装配时，不应沾有油污。

(2)按解体的相反顺序进行安装，在将电枢轴装入电刷架时，应防止将电刷撞断，必要时使用专用工具进行安装。

(3)装配完毕后，转子应转动灵活，无碰擦或卡滞现象。

(4)用改锥沿轴向拨动驱动齿轮，应能伸出并能自动回位。

5. 起动系统的线路连接如图 3-3-11 所示。

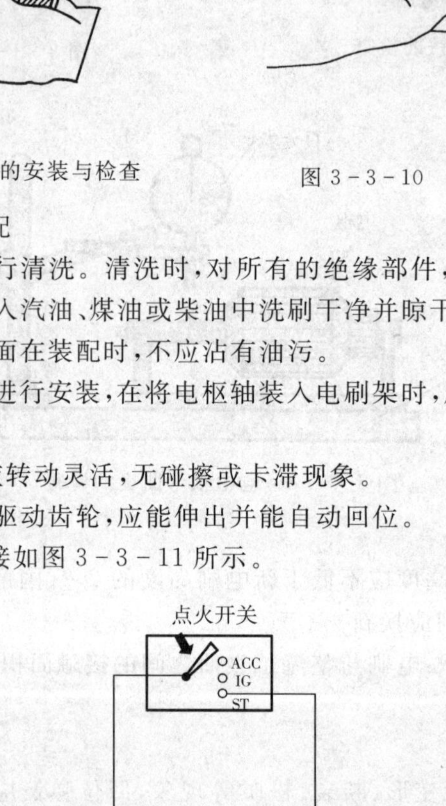

图 3-3-11　起动系统线路连接

五、实验技能测试

1. 将上述起动机检测数据记入表 3-3-1。

表 3-3-1　起动机检测数据记录表

序号	检测项目			标准情况	检测情况	结论
1	磁场绕组	磁场绕组断路的检查		通(0 Ω)		①合格 ②不合格
		磁场绕组搭铁的检查		不通(∞)		
		磁场绕组短路的检查		每个磁极对改锥的吸引力相同		
2	电枢绕组	断路检验	试验台	电流表读数均应不变		①合格 ②不合格
			万用表	R=0 Ω		
		搭铁检验	试验台	搭铁灯不亮		
			万用表	R=∞		
		短路检验	试验台	钢片不振动		
			万用表	R=∞		
3	电枢轴弯曲度			≤0.15 mm		①合格 ②不合格
4	电刷高度			7～10 mm		①合格 ②不合格
5	电磁开关线圈	吸引线圈电阻值(Ω)		0.6 Ω以下		①合格 ②不合格
		保持线圈的阻值(Ω)		1 Ω		

2. 起动系统的线路连接

按照图 3-3-11 所示的线路连接起动系统线路，要求能用点火开关控制起动机。注意起动继电器的连接特点。

实验四　点火系统的检测与维修

一、实验目的与要求

1. 掌握传统点火系统电路及各元件的检测方法;
2. 掌握电子点火系统各元件的检测方法。

二、实验内容

1. 传统点火系统元件的检测;
2. 电子点火系统元件的检测。

三、实验设备

传统点火线路及相应部件;计算机控制电子点火线路及相应部件;万用表;点火开关;维修工具;若干导线。

四、实验方法及步骤

1. 点火系统的组成:分为传统点火系统(图 3-4-1)和电子点火系统(图 3-4-2)。
2. 传统点火系统部件的检测

(1)初级绕组电阻值的检查

初级绕组的短路、断路、搭铁和过热都会引起点火系统不能正常工作。初级绕组电阻用万用表 R×1 Ω 挡测量。若万用表指示阻值无穷大,则说明初级绕组断路;若阻值小于标准值,则说明匝间有短路;若阻值在 1.2～1.7 Ω 内为正常。

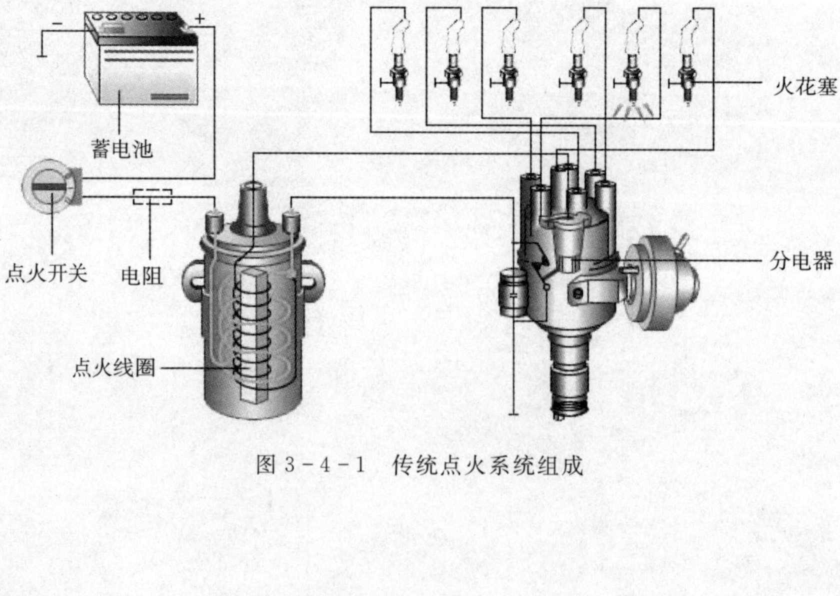

图 3-4-1　传统点火系统组成

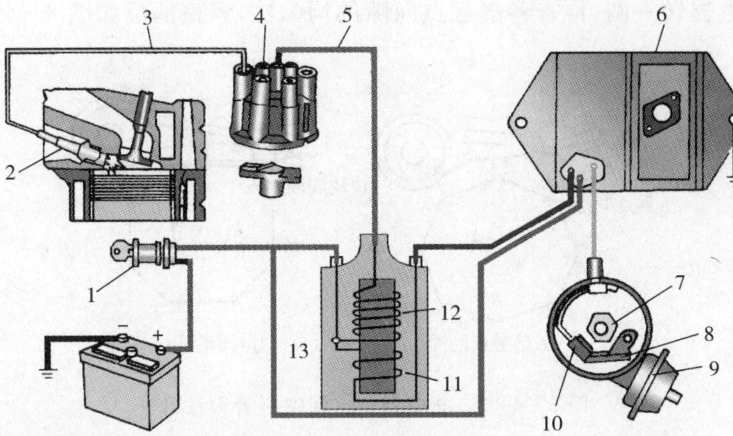

图 3-4-2　电子点火系统组成

1—点火开关(igntion switch)；2—火花塞(spark plug)；3—分高压线；4—分电器盖及分火头(distributor cap)；5—中央高压线；6—点火控制器(igniter)；7—信号转子；8—永久磁铁；9—真空调节器；10—信号线圈；11—初级线圈(primary winding)；12—次级线圈(secondary winding)；13—点火线圈(ignition coil cable)

(2)次级绕组电阻值检查

用万用表 R×1 kΩ 挡测量。若万用表指示阻值无穷大，则说明初级绕组断路；若阻值小于标准值或为 0 时，则说明匝间有短路。其正常阻值为：8～16 kΩ(有触点式点火线圈)或 2.4～3.5 kΩ。

各车型的点火线圈初、次级绕组电阻的参数见表 3-4-1 所列。

表 3-4-1　点火线圈电阻参数表

车型 电阻	解放 CA1090	桑塔纳有触点	桑塔纳无触点	切诺基
初级绕组电阻(Ω)	1.4～1.5	1.7～2.1	0.52～0.76	1.13～1.23
次级绕组电阻(kΩ)	6	7～12	2.4～3.5	7.7～9.3

(3)附加电阻阻值的检查

用万用表 R×1 Ω 挡测得初级绕组附加电阻为 1.2～1.8 Ω。

(4)断电器触点间隙的检查

断电器触点间隙一般为 0.35～0.45 mm，检查方法如图 3-4-3 所示。

检查国产车断电器触点间隙时，应先将断电臂顶块位于凸轮的最高位置，用塞尺测量出两触点间的间隙大小。对于日本丰田车则在触点完全闭合时，测量断电臂顶块与凸轮平面之间的间隙。

(5)断电器触点间隙的调整

断电器触点间隙的调整一般有两种方法。第一种方法：旋松静触点支架的锁紧螺钉，转动偏心调整螺钉，检查触点间隙，使之符合要求，然后把固紧螺钉锁紧。第二种方法：旋松静触点支架锁紧螺钉，用螺钉旋具拨动静触点支架，改变触点间隙直至符合要求。触点间隙调整好后,应将分电器转一圈,检查各缸触点间隙的均匀性,调整部位如图 3-4-4 所示。

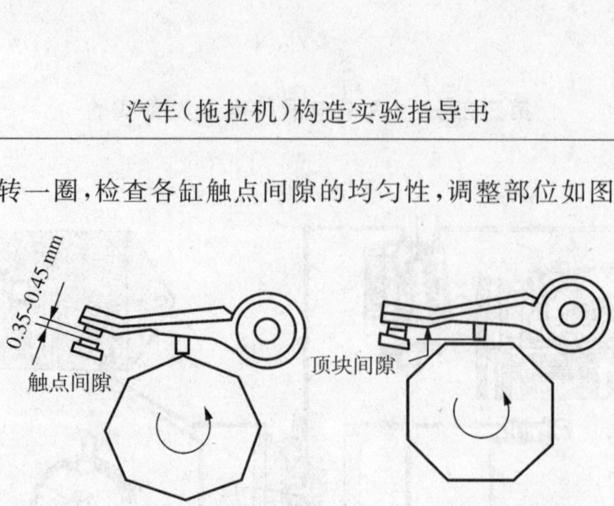

图 3-4-3　断电器触点间隙测量示意图

(6)断电器弹簧张力的检查

检查方法如图 3-4-5 所示,用弹簧拉力计测量,一般触点臂弹簧的弹力为 4.90~6.86 N,低于下限值为不合格。此时可根据其固定螺钉的连接方式或缩短连接长度或预弯弹簧片,以增加弹力。

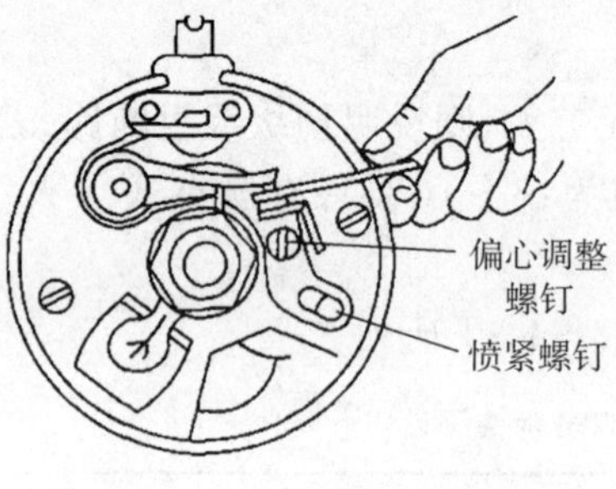

图 3-4-4　断电器触点间隙的调整

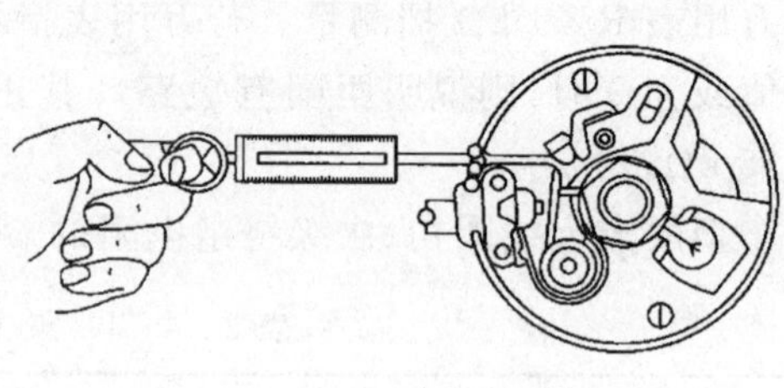

图 3-4-5　断电器弹簧张力检查

(7)离心提前机构的检查

如图 3-4-6 所示,用手抓住分火头与分电器轴,沿凸轮的旋转方向转动分火头。若松手后分火头能迅速回转,说明离心提前机构的弹簧张力及机构的装配情况良好;若松手后分火头不能回转,则离心提前机构的两个弹簧可能脱落或折断。

(8)真空提前机构的检查

检查方法如图 3-4-7 所示,当用嘴由管口吸气时,真空提前机构的拉杆或断电器活动底板能转动,不吸气时拉杆或活动底板能迅速返回,说明真空提前机构能正常工作。若吸气时,无真空感觉,而且拉杆或活动底板不动,说明膜片可能破裂或壳体漏气。

(9)电容器的检查

用交流试灯检查,将交流试灯的两测试表笔分别接电容的两引线端,瞬间即断开。如果通电时试灯亮,说明电容器击穿损坏;如果试灯不亮,再将电容器的两引线短接。若有放电火花,说明电容器良好;如无放电火花,则为电容有断路。

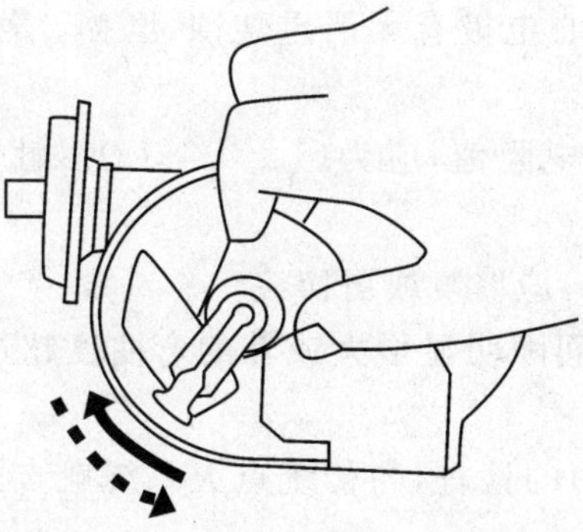

图 3-4-6　离心提前机构的调整

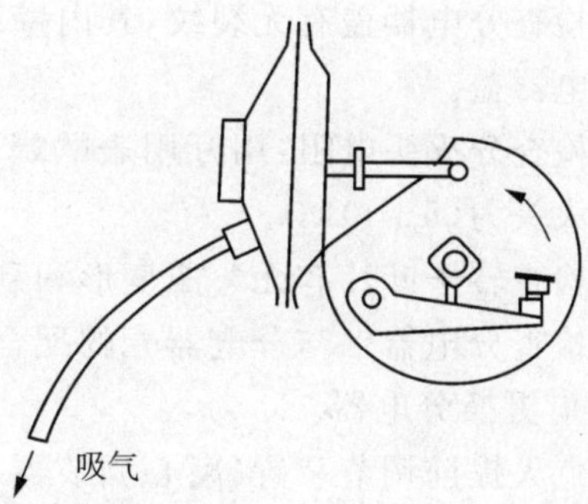

图 3-4-7　真空提前机构的检查

用万用表检查，先将电容器的引线与外壳短接一下，用万用表 R×10 kΩ 挡，测量电容器引线与壳体间电阻，表针应迅速向“0”方向摆动，然后缓慢回“∞”位置。如表针指在“∞”位置不动，说明电容器断路；如表针指在“0”位置不动，说明电容器击穿。

(10)火花塞的检查与调整

火花塞的外部检查。正常的火花塞瓷芯表面洁净，呈白色或淡棕色，或瓷芯上只有微薄的一层褐色粉末状积炭，电极完整无缺损，这说明火花塞选型正确，使用条件良好。

火花塞间隙的检查与调整。火花塞电极间隙检查应使用火花塞电极间隙量规进行，如图 3-4-8 所示。一般电极间隙标准为 0.8～0.9 mm，如间隙不符合标准可用专用扳手扳动侧电极进行调整。

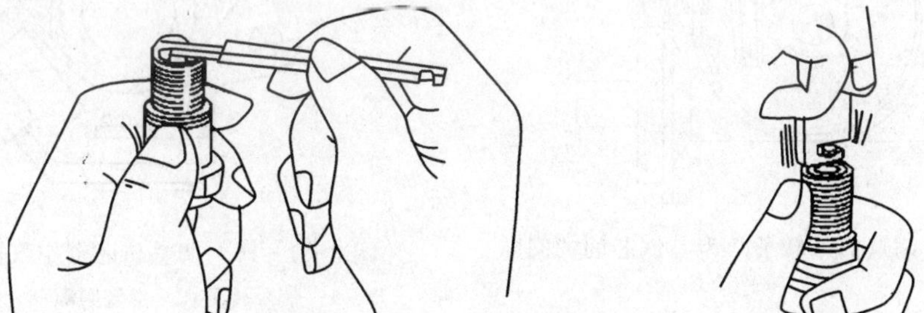

(a)电极间隙测量方法　　(b)电极间隙调整

图 3-3-8　火花塞的检查

3. 电子点火系统的检测

(1)点火线圈的检查

测量点火线圈一次侧、二次侧绕组的电阻。用万用表欧姆挡测量其一次侧、二次侧绕组的电阻，如桑塔纳轿车用点火线圈电阻的测量，两表笔分别接点火线圈的“＋”和“－”接线柱时，测得一次侧绕组的电阻值应为 0.50～0.76 Ω；两表笔分别接点火绕圈的高压线插孔和“－”接线柱时，测得二次侧绕组的电阻值应为 2.4～3.5 kΩ。如测试结果不符合其规定值，则为点火线圈的故障。

(2)无触点分电器的检修

①检查导线插接器有无油污积垢及接触是否良好。

②检查分电器盖有无裂纹,其内壁高压触点和中心电极有无严重烧蚀、磨损。若有,应更换分电器盖。

③检查分火头电阻:用万用表欧姆挡测量分火头电阻值,应为(1±0.4)kΩ。触点式分电器分火头为(5±1)kΩ。

④检查转子叶片有无弯曲变形和刮碰现象。如有,应修复或更换。

⑤检查分电器轴与分电器壳的配合情况,若径向间隙明显增大或轴的弯曲度超过 0.05 mm,均应更换分电器。

⑥点火提前调节装置(离心调节器和真空调节器)的检查,与传统点火系统触点式分电器的提前调节装置相同。

(3)点火信号发生器的检测(以磁感应式为例)

检测、调整信号转子凸齿与传感铁芯间的间隙:磁脉冲式传感器信号转子凸齿与传感铁芯之间的空气间隙,一般为 0.2~0.4 mm。检查时可用塑料塞尺进行测量,其方法如图 3-4-9所示。

若其间隙不符合要求,可按图 3-4-10 所示方法,松开螺钉 A、B,并以 A 螺钉为支点,稍稍移动螺钉 B 加以调整,直至符合规定的标准值为止。

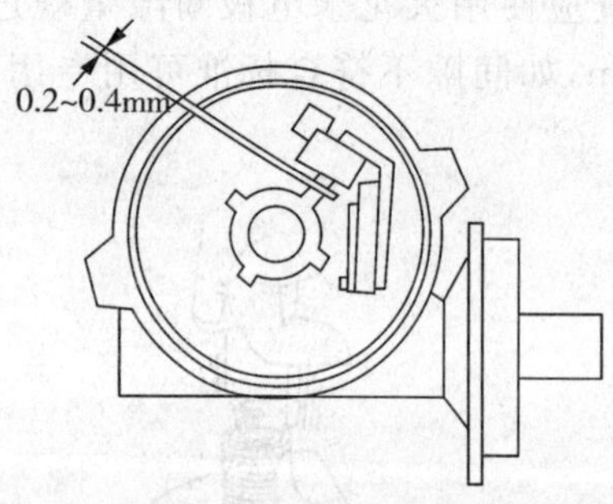

图 3-4-9　测量信号转子凸齿与铁芯间的间隙

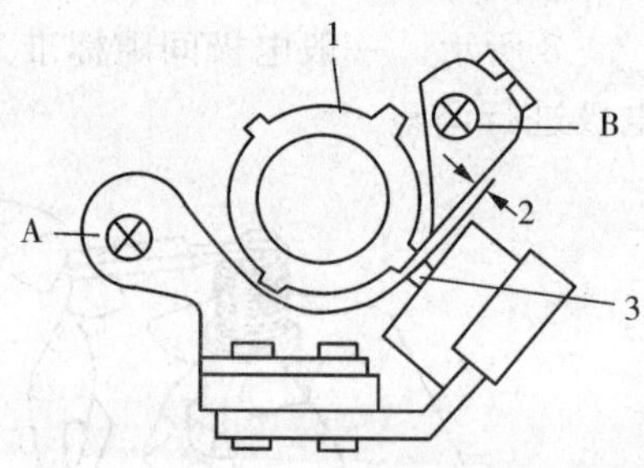

图 3-4-10　调整传感器空气间隙的方法

1—信号转子;2—空气间隙;3—传感铁芯

(4)点火控制器的检测(以桑塔纳轿车点火控制器为例)

桑塔纳轿车点火控制器的检测(应在点火线圈良好的基础上进行)。其方法如下:

①拔下点火控制器的 7 脚插头,用万用表直流电压挡测量插头上的 2 和 4 两接柱之间的电压值。接通点火开关,电压表指示约 12 V 为正常。若电压表指示 0 V,则表示点火控制器电源线或搭铁线断路,应按照电路接线找出断路所在并予以排除。

②拔下分电器霍尔点火信号发生器的导线插头,将直流电压表接在点火线圈"—"和"+"接柱上,如图 3-4-11 所示。接通点火开关,观察电压表的指示,若开始指示 2 V 以上,且在 1~2 s 后降到 0 V,则表明控制器良好;若电压表指示 2 V 以上不降到 0 V,或电压表始终指示 0 V,则表明点火控制器损坏。

③电压表接线(同上)不动,将分电器盖上的中央高压线拔出瞬时接地,电压表显示的电压值在其搭铁瞬间必须提高 2 V;否则,为导线断路或点火控制器损坏。

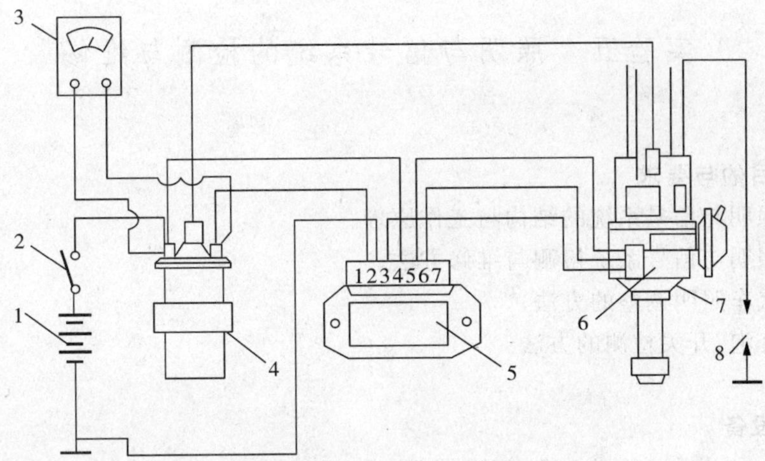

图 3-4-11　检测点火控制器线路示意图

1—蓄电池；2—点火开关；3—万用表；4—点火线圈；5—电子点火控制器；6—霍尔信号发生器；7—分电器；8—火花塞

④将电压表接至分电器霍尔发生器插头的外侧接点“＋”、“－”之间，接通点火开关，电压表指示应大于 5 V。若电压表指示 0 V，则表明点火控制器损坏或点火控制器的 3 和 5 接柱至分电器插头“＋”和“－”接柱之间的导线断路。为进一步确定故障部位，拔下点火控制器导线插头橡胶套管，将电压表接在 3 和 5 接柱之间。此时，若电压在 5 V 以上，则表明点火控制器到分电器之间的导线断路；若电压表指示 0 V，则为点火控制损坏。

五、实验技能测试

1. 将传统点火系统元器件检测结果记录于表 3-4-1 中。

表 3-4-1　传统点火系统元器件参数检测数据表

电阻 ＼ 车型		车型 1	车型 2	车型 3	车型 4
初级绕组电阻(Ω)					
次级绕组电阻(kΩ)					
附加电阻值(Ω)					
断电器间隙(mm)	调整前				
	调整后				
火花塞间隙(mm)	调整前				
	调整后				

2. 选择一款电子点火系统，根据实验步骤，记录检测结果(图表可以根据自己检测的内容来绘制)。

实验五　照明与信号系统的检测与维修

一、实验目的与要求

1. 了解照明与信号系统的结构与工作原理；

2. 掌握照明与信号系统检测与维修方法；

3. 掌握汽车照明调整的方法；

4. 掌握灯泡、开关检测的方法。

二、实验设备

前照灯(head light)总成1套；闪光器(flasher)1套；前照灯测试仪；汽车；维修工具；照明组件(各型)；信号系统部件；实训车辆(以桑塔纳普通型轿车为主)；万用表。

三、实验方法及步骤

1. 前照灯的结构

前照灯由反射镜、配光镜和灯泡三部分组成，如图3-5-1所示。

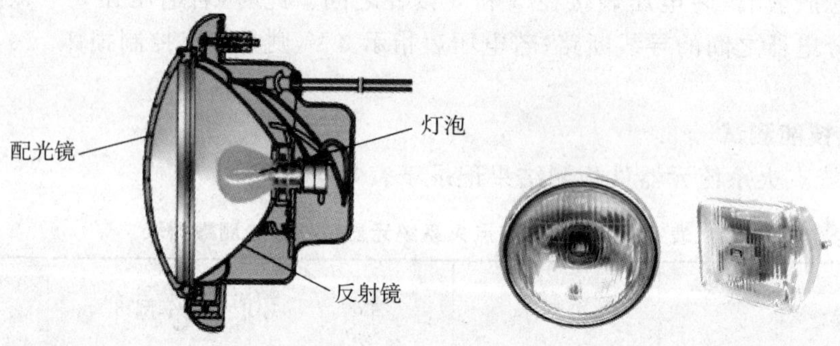

图3-5-1　汽车前照灯

2. 前照灯的拆装

根据具体情况进行前照灯的拆装，熟悉前照灯的结构。

3. 前照灯的使用和维护

(1)安装车灯时，应根据标志及使用维修说明书要求，不得倾斜侧置。

(2)要按车型，配套使用灯泡等光学组件。

(3)车灯应注意装配固定，以保证其密封性能，防止水分及灰尘进入车灯。

(4)注意灯的搭铁极性，尤其对没有明显标记的灯泡，注意判别远光、近光灯丝及搭铁极性。

(5)保证车灯电路接触良好并保持清洁。

(6)更换灯泡前，应先切断电源，更换的灯泡要选择与原车型号和功率相同规格的原厂件。

(7)更换灯泡时,手指不能触及镜面,以免留下汗水或油印使反射镜失去光泽,降低反光效率。

(8)保证转向灯的灯泡功率相等并与闪光器配合一致。

(9)车灯发生故障不外乎灯泡及线路断、短路。排除时可检查相应的熔断丝和灯泡的技术状况以及相应的线路是否良好。

(10)做好定期维护,并按标准检验和调整,以保持灯光的技术状况完好。

4. 前照灯灯光的调整

前照灯在使用过程中,会因灯泡老化、反射镜变暗、照射位置不正而使前照灯的发光强度不足或照射位置不正确,影响汽车行驶速度和行车安全,因此必须对前照灯进行检测和调整。

(1)检测设备

目前汽车维修企业和汽车检测站广泛采用前照灯检测仪来检测前照灯的发光强度和光束照射位置,如图 3-5-2 所示。

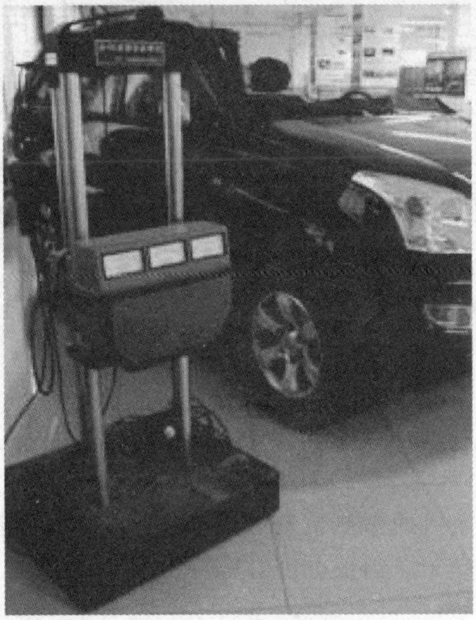

图 3-5-2　前照灯检测仪

前照灯检测仪检测前照灯的光束位置一般是将 4 块光电池组合在一起,位于上、下的光电池接有上下偏斜指示计,位于左、右的光电池接有左右偏斜指示计。当前照灯照射在光电池上后,上下偏斜指示计和左右指示计将发生摆动,据此可测出前照灯的光束照射位置。

前照灯检测仪按测量方法不同分为聚光式、屏幕式、投影式、自动追踪光轴式、全自动式等多种,使用方法虽各不相同,但检测原理大同小异。具体的使用方法可以参考其说明书操作,目前应用较多的是全自动式检测仪。

(2)检测步骤

前照灯光束的检测与调整应在较暗的环境中进行,检测与调整之前应做到场地平整,车辆空载,轮胎气压符合规定,乘坐一名驾驶员。

将被测车辆停置于检测仪前方并与屏幕垂直,使前照灯基准中心距离屏幕 3 m,分别测量左、右前照灯,远、近光束的水平和垂直照射方位的偏移量以及发光强度。标准如下:

① 水平方向

左灯:向左偏不大于 10 cm/dam(0.6°);向右偏不大于 17 cm/dam(1°)。

右灯:向左或向右偏均不大于 17 cm/dam(1°)。

若不符合标准应进行调整——调整可通过旋转灯罩后方的螺钉来完成。

② 垂直方向(左灯、右灯标准一致)

上偏不得大于 0 cm/dam(0°)。

下偏不得大于 17 cm/dam(1°)。

(3)前照灯的调整

若不符合标准应进行调整,调整可通过旋转灯罩后方的螺钉来完成。如图 3-5-3 所示。

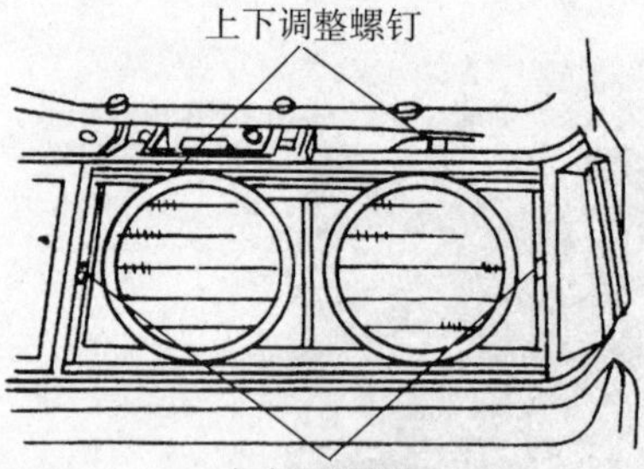

(a)外侧调整式

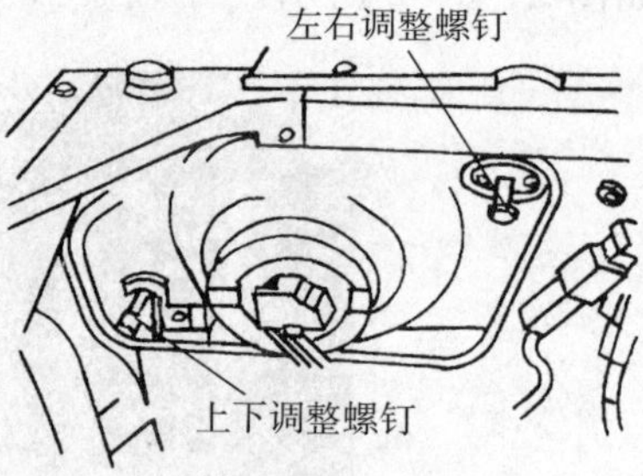

(b)内侧调整式

图 3-5-3 前照灯的调整示意图

5. 转向灯(turn-signal lamp)装置

(1)基本结构

当汽车要驶离原方向,需接通左侧或右侧转向信号灯,以提醒其他车的驾驶员。转向灯主要包括开关、信号灯和闪光器。组成如图 3-5-4 所示。

(2)正确使用方法

汽车上的转向信号灯是由设置在转向柱上的开关进行控制的。另外,转向信号灯也可兼作危险警告灯(报警灯)。下面以丰田花冠轿车为实验车,介绍转向信号灯的使用方法。

① 插入车钥匙,接通点火开关;

② 转动方向盘,使车轮转动,依照方向盘的转动方向,顺时针(或逆时针)拨动灯光开关;

③ 控制杆,检查右侧(或左侧)转向信号灯是否闪烁,仪表板上的绿色箭头指示灯是否闪烁;

④ 转动方向盘,使车轮回位,检查转向信号灯及指示灯是否能自动熄灭;

⑤ 关闭点火开关,按下警告灯开关,检查左右两侧的转向信号灯是否同时闪烁,仪表板上的绿色箭头指示灯是否闪烁。

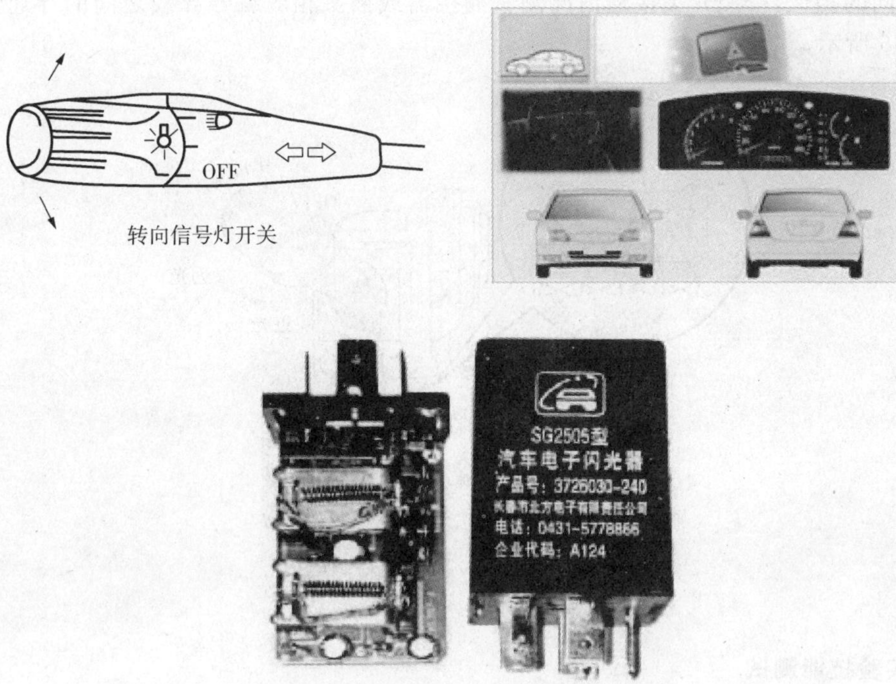

图 3-5-4　汽车转向灯系组成

6. 零部件的检修

(1)灯泡的检查方法

灯泡是电器元件中比较容易损坏的部件，检查时一般可用万用表检查灯丝的通断。如果测量到灯丝的电阻为无穷大，则为灯泡损坏，如图 3-5-5 所示。

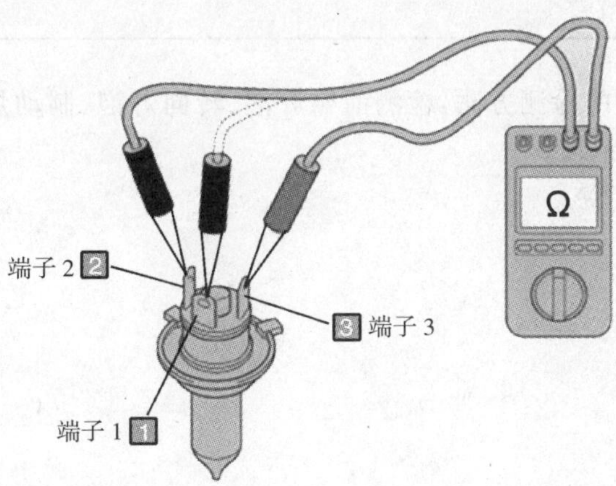

图 3-5-5　灯泡的检测

(2)开关的检查方法

开关是汽车电器中最常用的部件，可根据开关的功能和开关各挡位的导通情况用万用表进行检查。通常开关与线束连接时采用插接器，插接器上的导线都有编号，检查时，使开关处于不同的挡位,按照开关接通情况测量插接器或插头相应编号导线之间的导通情况,如图 3-5-6 所示。

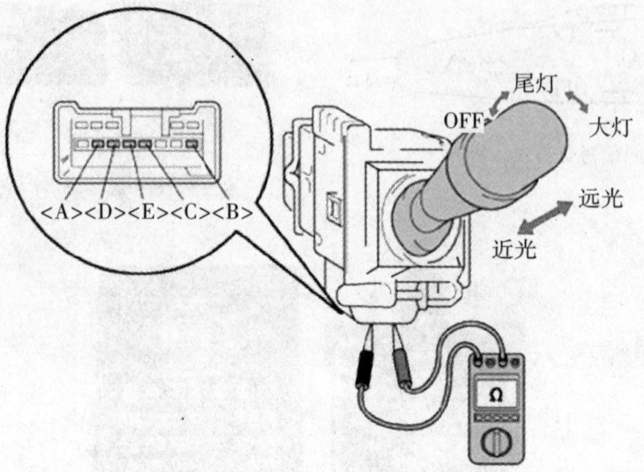

图 3-5-6　开关的检测

四、实验技能测试

1. 根据前照灯的检测方法,将检测结果填写于表 3-5-1 中。

表 3-5-1　前照灯的检测记录表

检测项目	检测数据	是否合格	措施
垂直偏差			
水平偏差			
发光强度			

2. 根据灯泡及开关的检测方法,检测前照灯泡、转向灯泡、制动灯泡及转向灯开关的好坏。自己可以设计表格记录。

实验六　汽车仪表的检测与维修

一、实验目的与要求

1. 了解汽车电气仪表的结构；

2. 掌握汽车电气仪表的检测方法及检测内容。

二、实验设备

实训车辆(以桑塔纳普通型轿车为主)及其组合仪表总成，电流表(ammeter)、水温表及传感器(Sensor)、车速里程表(speedometer)及软轴、机油压力表(oil pressure indicator)及传感器、蓄电池、万用表。

三、实验方法及步骤

1. 汽车仪表的结构

目前汽车仪表有两种类型：常规仪表(图 3-6-1)和电子显示仪表(图 3-6-2)，将两种类型的仪表混搭一起的为组合仪表。

图 3-6-1　常规仪表

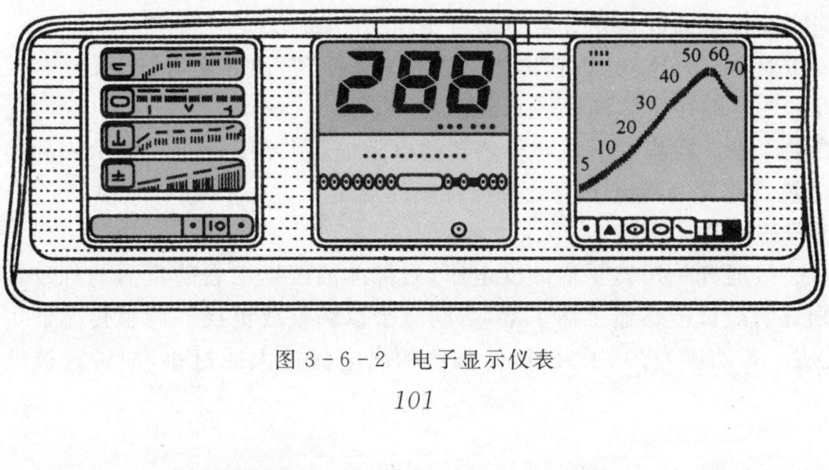

图 3-6-2　电子显示仪表

表 3－6－1 所示为几种常见车型的仪表板总成。

表 3－6－1 常见车型的仪表板

<table>
<tr><th>车型
表芯</th><th>BJ2020S</th><th>CA1092</th><th>EQ1092</th><th>桑塔纳</th><th>五十铃 N</th></tr>
<tr><td>仪表板型号</td><td>8108</td><td>8005</td><td>EQ1—2</td><td>801—ST</td><td>ZB103/
001—004</td></tr>
<tr><td>充电指示</td><td colspan="2">动铁电流表</td><td>动磁电流表</td><td colspan="2">充电指示灯</td></tr>
<tr><td>油压指示</td><td colspan="3">电热式表芯＋电热式传感器</td><td colspan="2">油压过低报警灯</td></tr>
<tr><td>水温表</td><td>电热＋电热</td><td colspan="3">电热表芯＋热敏传感器</td><td>电磁＋变阻</td></tr>
<tr><td>燃油表</td><td>电磁＋变阻</td><td colspan="3">电热表芯＋变阻传感器</td><td>电磁＋变阻</td></tr>
<tr><td>仪表稳压器</td><td>无</td><td colspan="2">电热式</td><td>电子式</td><td>无</td></tr>
<tr><td>转速表</td><td colspan="3"></td><td>电子式</td><td></td></tr>
<tr><td>车速里程表</td><td colspan="3">机械式</td><td>电子式</td><td>机械式</td></tr>
</table>

2. 汽车仪表的检测方法

(1)电流表的检测

检测步骤：

① 根据电源设备情况划分若干小组。

② 根据电流表的构造将其解体，熟悉电流表的内部构造。

③ 在教师的指导下，按相反的顺序组装电流表。

④ 将电流表串接在直流电源与蓄电池的电路中，进行充、放电电流指示的检测。然后调换电流表接线头位置，再观察电流表的指示情况，并作好记录。

⑤ 检测电流表。将被检测的电流表连接在电路中，调整可变电阻器的大小，观察两个表的读数是否一样。电流表相对标准，电流表的指示刻度值在正常温度下(20 ℃±5 ℃)允许误差为：10～20 A 时，误差不大于±20％；30 A 时，误差不大于±15％。若电流表的误差值超标，应修理或更换。

(2)机油压力表的检测

检测步骤：

① 根据实验设备的数量划分若干实习小组。

② 将油压表总成解体，分析其构造组成和工作原理，做好实习记录。

③ 按拆卸的逆顺序组装油压表总成。

④ 检测油压表。检测指示表与传感器的电阻值，用万用表检测指示表和传感器的电阻值，并作好记录。查看所测电阻值是否符合表的规定。

⑤ 传感器的检测与调整

检测方法：接通开关摇转手柄改变电压，当标准油压指示表的压力与标准油压表的压力对应相同，则证明被试传感器工作正常，否则应予以调整或更换。调整传感器可在传感器之间串入电流表。若油压为“0”压力时，传感器输出电流过大或过小，应烫开被试传感器的调整孔，拨动调整齿扇进行调整。若油压过高时，输出电流较规定值偏低，应更换传感器的校正电阻8(一般在30～360 Ω范围内调整)。如任何压力下，输出电流均超过规定值，且调整齿扇无效时，应更换传感器。油压表电阻的检测数据如表3-6-2所示。

表3-6-2　油压表电阻的检测数据

<table>
<tr><td rowspan="2">名称</td><td colspan="2">加热线圈</td><td rowspan="2">电阻(Ω)</td></tr>
<tr><td>材料</td><td>直径(mm)</td></tr>
<tr><td>油压指示表</td><td>双丝康铜线</td><td>0.01～0.12</td><td>36</td></tr>
<tr><td>传感器</td><td>双丝康铜线</td><td>0.012</td><td>8～18</td></tr>
</table>

(3)水温表的检测

① 检测指示表与传感器的电阻值

用万用表测量指示表与传感器的电阻值是否符合表3-6-3。若电阻值小于规定值，则表明内部有短路；若电阻值很大，则表明内部有断路或接触不良。

表3-6-3　常见水温表与传感器电阻值

<table>
<tr><td rowspan="2">名　称</td><td colspan="2">加热线圈</td><td rowspan="2">电阻(Ω)</td></tr>
<tr><td>材料</td><td>直径(mm)</td></tr>
<tr><td>指示表</td><td>双线包康铜线</td><td>Φ0.07～0.12</td><td>35.5+1</td></tr>
<tr><td>传感器</td><td>双线包康铜线</td><td>Φ0.12±0.01</td><td>7～8.5</td></tr>
</table>

② 水温指示表的检测与调整

将被测试指示表串接，接通开关，调节可变电阻。当毫安(mA)表指示80 mA、160 mA、240 mA时，指示表应相应指在100 ℃、80 ℃、40 ℃的位置上。其误差应符合表3-6-4的规定。若指在与规定电流不符的位置上，应予以调整。若指针在“100 ℃”时不准，可拨动左调整齿扇进行调整。若指针在“40 ℃”时不准，可拨动右齿扇进行调整，使其与标准值相符。各中间点可不必校验。

表3-6-4　水温表的允许误差数据表

<table>
<tr><td>测量范围</td><td>检测温度值</td><td>允许误差</td></tr>
<tr><td rowspan="3">40 ℃～120 ℃</td><td>100 ℃</td><td>±4 ℃</td></tr>
<tr><td>80 ℃</td><td>±5 ℃</td></tr>
<tr><td>40 ℃</td><td>±10 ℃</td></tr>
</table>

(4)车速里程表的检测

① 拆卸车速里程表软轴

将车速里程表的连接螺母卸下；打开仪表板贯通处的金属孔，一边从底板下面推车速里程表软轴，一边由金属孔内卸下软轴。从底板下面推出软轴；将压板卸下；将变速器上的连接螺母卸下；将软轴从前方推出取下。

注意:拆卸车速里程表软轴时,不能一开始就卸变速器上的连接螺母,必须先从车速里程表上卸下连接螺母。另外,不应将软轴卷成直径小于 300 mm 的圆圈。

② 对车速里程表机件的检测

检查游丝是否弯曲折断,若折断应维修或更换。旋转车速里程表主动轴,看有无歪斜或碰擦现象,若有则应维修。检查车速里程表主动轴内的方形插口是否磨损过甚,若是应予以修复或更换。检查各部轴承是否松旷并予以修复或更换。检查各传动齿轮是否变形或损坏,若是则应更换。检查单程计字鼓装置是否能归零位,若不能则修理或更换。字鼓内传动齿轮应用变速器油予以润滑。

③ 对车速里程表性能的检测

检查指示角度:根据使用车辆的种类,对所安装车速里程表指示角度与标准车速里程表比较,数值标准应符合表 3-6-5 的规定。

表 3-6-5　车速里程表标准指示值误差范围

标准指示值(km/h)	20	40	60	100	120	140
误差范围	+3 −3	+5 −0	+5 −0	+5 −0	+6 −0	+7 −0

检查指针摆动情况:

指针摆动应确保全振幅为 2 km/h;并且依据安全标准,速度在 40 km/h 时,规定指针的指示角度为 15%、−10%以内,指针摆动误差在±3%以内。

四、实验技能测试

1. 根据电流表的测量方法,记录电流表的测量数据,表格可以根据自己测量内容设计。
2. 根据水温表的测量方法,记录电流表的测量数据,表格可以根据自己测量内容设计。
3. 根据车速里程表的测量方法,记录电流表的测量数据,表格可以根据自己测量内容设计。

实验七　车身电器装置的检测与维修

一、实验目的与要求

1. 学会操纵刮水器开关，会正确添加玻璃清洗液，会拆装刮水器刮片（橡胶条）；

2. 学会操纵电动车窗开关，学会操纵电动后视镜开关，学会操纵电动座椅开关，学会对汽车音响的常见故障进行检测；

3. 熟悉常见汽车防盗系统的组成，学会使用专用检测仪，会对防盗系统的常见故障进行检测。

二、实验设备

实验用整车（丰田花冠）；备用刮片；备用清洗液；电动座椅（power seat）实验台架；万用表；桑塔纳时代超人发动机实验台架；VAG1552 专用故障诊断仪（diagnostic scanner）。

三、实验方法及步骤

1. 刮水器（wiper）的认识与拆装

汽车上一般都装有刮水器和洗涤器，以清洁挡风玻璃，其控制开关一般都装在转向柱上。下面以丰田花冠轿车为实验车，介绍刮水器和洗涤器的使用方法和简单的拆装方法。

（1）接通点火开关，起动发动机，使发电机正常供电（图 3－7－1）。

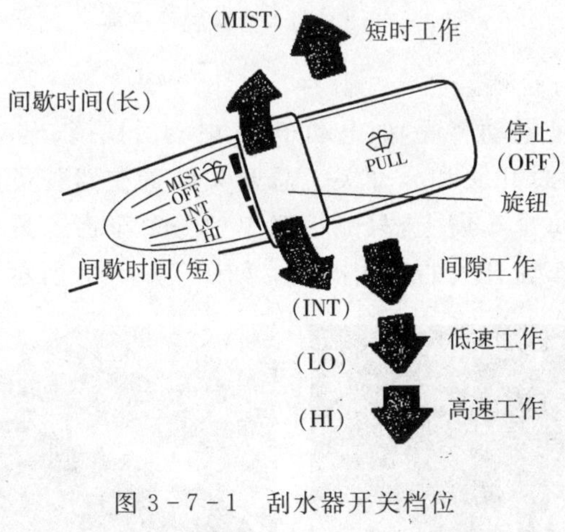

图 3－7－1　刮水器开关档位

（2）打开刮水器开关，选择不同档位，检查每一只刮水器是否正常工作。

（3）刮水器工作档位从上至下分别为“MIST”去雾、“LO”慢速、“HI”快速、“INT”间歇。旋转刮水器开关，调节间歇时间，观察变化。

（4）关闭刮水器开关，检查刮水器是否能自动停止在规定位置。

(5)拨动刮水器开关,使洗涤器工作,检查喷射到挡风玻璃上的洗涤液是否在规定区域内。

(6)必要时检查喷嘴和储液罐。检查刮水器能否联动工作。

检查刮水效果,是否出现条纹状的刮水痕迹等故障现象。必要时检查橡胶刮片或予以更换。

随着刮水器橡胶件越来越陈旧,其刮水性能会越来越差,还会发出震颤声。而且,可能对挡风玻璃造成损坏。因此,刮水器橡胶件需要定期更换。更换步骤如图 3-7-2 所示。

(1)将刮水器臂抬起,使之不紧挨着挡风玻璃;

(2)压下刮水器片的拉杆,并拆下刮水器片,在刮水器臂上包裹一层棉布,防止损坏玻璃;

(3)从凹槽中推动橡胶件,并用卡钳拔出;

(4)将新的橡胶件重新装入凹槽中;

(5)将刮水器片装回刮水器臂。

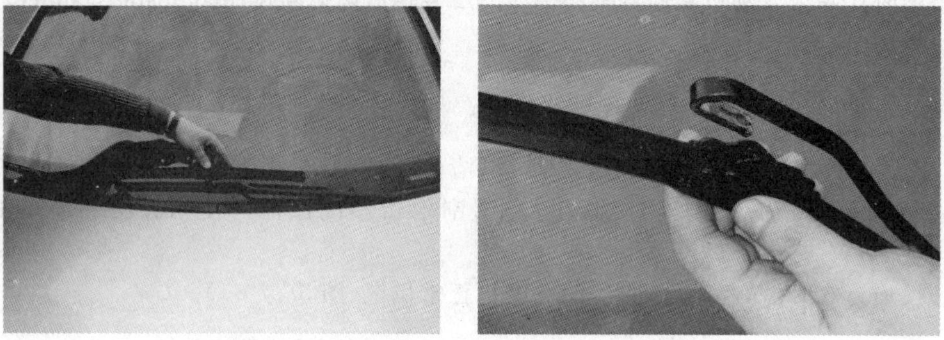

图 3-7-2　刮水器橡胶件更换

2. 电动装置的使用与检测

(1)汽车上装备有多种电动装置,如电动车窗、电动后视镜、电动座椅等。丰田花冠轿车的电动车窗控制开关分为总开关和分开关。总开关设置在驾驶员侧车门上,可控制 4 个车门的车窗;分开关设置在每个车窗上,只能控制单独一个车窗。另外,主开关上还设置了安全断路开关,可切断所有车窗开关的工作电路。如图 3-7-3 所示。

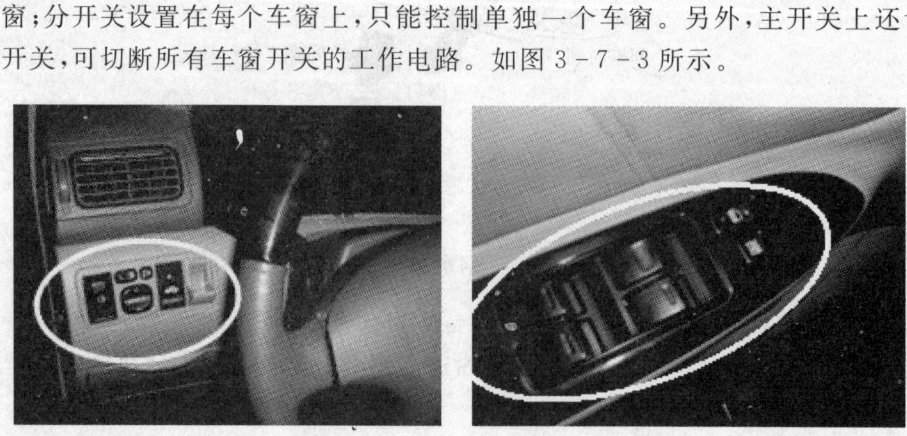

图 3-7-3　电动车窗按钮位置

① 接通点火开关，起动发动机，正常运转；

② 分别按下主开关上控制每个车窗的开关，观察车窗是否能正常工作；

③ 分别按下每个车窗的分开关，观察车窗是否能正常工作；

④ 按下主开关上的安全断路开关，再按下控制车窗的开关，观察车窗是否动作。

(2)电动座椅由开关控制，电动机驱动，可自动调节座椅的前后位置、座椅的高度调节(分为前部高度调节和后部高度调节两部分)、靠背的角度调节。整个机构共有4个电动机，其中3个在座椅底部，1个在靠背内部，开关设置在座椅左侧，如图3-7-4所示。

① 拨动座椅调整开关，观察座椅是否能动作；

② 拨动靠背调整开关，观察靠背是否能动作；

③ 在故障箱中设置故障，再次拨动座椅调整开关或靠背调整开关，观察座椅及靠背的动作；

④ 用万用表在检测电路上测量，找出故障点。

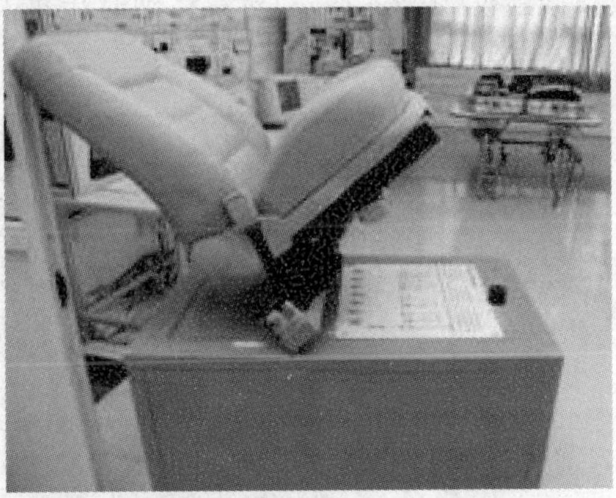

图3-7-4　电动座椅

(3)现在汽车都装有随车音响，以供驾驶员或乘客充分享受乘坐的乐趣。汽车随车音响一般设置了多个扬声器，在车内形成立体声环绕式的听觉效果。有些较高档的随车音响还采用电动天线，能根据音响的工作状态自动升降。下面介绍音响系统一般使用和故障检测的方法。

① 接通点火开关。

② 接通音响开关(radio ON)，慢慢将音量旋钮顺时针旋转，观察4个扬声器是否正常工作，发出声音；或者将手放在扬声器表面，感觉扬声器是否震动。在本实验台架上，设置了状态指示灯，也可通过观察该指示灯的状态来判断扬声器的状态。正常情况下，指示灯应该闪烁。

③ 若发现某个扬声器不工作，则用万用表测量扬声器1—2端子之间的电压，正常值应该为12 V；若无电压，则测量1端子与蓄电池(—)之间的电压，若测得为12 V，则说明扬声器搭铁不良。

此时，可用一根短接线连接扬声器2端子与(2)端子(在VCD机旁边)，若再次测得的电压≠12 V，则说明扬声器电源线故障。用短接线连接扬声器1端子与(1)端子(在VCD机旁边),便可完全排除故障。

④ 若 4 个扬声器均工作正常,检查电动天线。

按下天线开关天线应能自动升降。若不能,则应测量天线的电源线与接地之间的电压,正常值应为 12 V。若无电压,测量电源线与蓄电池(—)之间的电压。电压若为 12 V,说明搭铁不良,否则说明电源线故障。

3. 汽车防盗系统的检测

SANTANA2000GSi(桑塔纳时代超人)采用一套较先进的防盗系统,该系统通过电子应答来判断用户使用的是否是合法的钥匙,并以此确定是否允许发动机控制器工作。密码信号由随机方法产生,而且采用特别的通信过程,每次传递的信息都不同,即使利用先进的电子扫码手段也无法破解密码。

该防盗系统由以下部分组成:防盗控制单元 J362、防盗器读识线圈 D2、防盗器警告灯 K117、带转发器的防盗钥匙。

可使用 VAG1552 故障诊断仪(图 3-7-5)对桑塔纳时代超人的防盗系统进行检测和诊断。

图 3-7-5　VAG1552 故障诊断仪

操作步骤如下:

1. 将 VAG1552 故障诊断仪的插头与车内自诊断插口(OBDII)连接。

Test of vehicle system HELP
Insert address word x x

2. 接通点火开关,诊断仪进行自检,通过后,屏幕显示(见左),提示输入地址字。

Test of vehicle system Q
25—Immobilizer
330 953 253 IMMO
VWZ6ZOTO123456 V01→
Coding00000 WSC 01205

3. 输入防盗器地址字 25,按 Q 键确认,屏幕显示防盗器控制单元零件号、软件版本等信息:

屏幕显示	操作步骤
Test of vehicle system HELP Select function x x	4. 按→键确认，屏幕显示(见左)，提示选择功能。
X Fault recognized →	5. 输入 02，按 Q 确认，进入查询故障功能，屏幕显示(见左)，表示出现 X 个故障。
Test of vehicle system HELP Select function x x	6. 继续按→键，可逐个显示故障代码和故障内容，直到全部故障显示完毕，再按→键退回到功能选择显示界面。
Test of vehicle system → Fault memory erased	7. 按照所显示的故障内容，用万用表在发动机台架上查找故障位置并修复。 8. 修复故障后，输入 05，清除故障码，按 Q 键确认，屏幕显示(见左)。
Test of vehicle system HELP Insert address word x x	9. 按→键，按输入 06，按 Q 键，退回到输入地址字的界面。 10. 关闭点火开关，拔下诊断仪的插头。

四、实验技能测试

1. 根据汽车电动座椅的检测方法，检测电动座椅开关，记录每一步骤的检测结果；
2. 根据汽车音响的检测方法，检测实验室汽车音响，记录每一步骤的检测结果；
3. 根据汽车防盗系统检测方法，利用故障诊断仪检测防盗系统，并记录操作步骤。

实验八　汽车电路图的识读及全车线路的检修与维护

一、实验目的与要求

1. 了解全车用电设备的组成、安装位置及元件的表示方法；

2. 掌握丰田车、大众车电路图识别原则；

3. 熟悉全车线路的检修与维护方法。

二、实验设备

丰田实验用车、大众实验用车、电路示教板、万用表若干块、相关车型的全车电路图。

三、实验方法及步骤

1. 全车用电设备的组成、安装位置及元件的表示方法

(1)全车用电设备的组成

① 电源系统(充电系统)

组成:蓄电池、发电机与调节器、充电指示装置等。

② 起动系统

组成:起动机及其控制电路。

③ 点火系统

分类:传统点火系统和电子点火系统。

④ 照明系统

组成:车内外照明灯及其控制电路。

⑤ 信号系统

分类:灯光和音响两类。

⑥ 仪表系统

组成:水温表、燃油表、气压表、车速里程表、机油压力表、电流表、发动机转速表等。

⑦ 舒乐系统

组成:汽车空调、声像设备、点烟器、电动车窗、电动座椅。

⑧ 微机控制系统

组成:动力传动控制中心、底盘行驶控制中心、车身控制中心、信息与通信控制中心。

(2)汽车电器元件安装位置

汽车电器元件安装位置可以查找电器位置图,它是用来表示汽车电器零件的安装位置,便于维修时查找故障零件。位置图可分为发动机舱零件位置图、驾驶室内零件位置图和车身零件位置图等。一张图表示不清时,可以用多张图表示。图 3-8-1 所示为发动机机舱部分零件位置图。

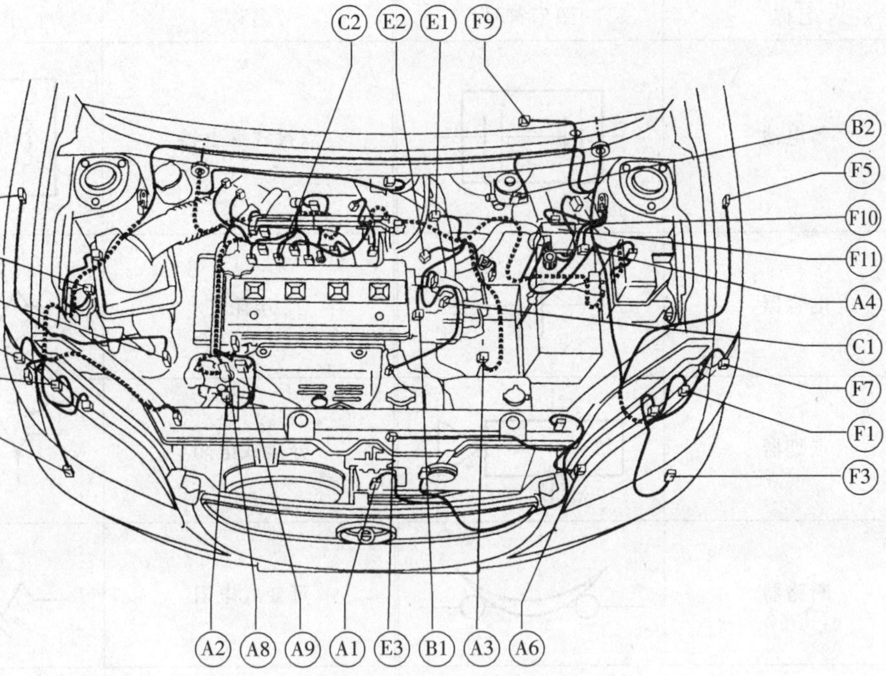

图 3-8-1　发动机机舱部分零件位置图

A1—空调冷凝器风扇电机；A2—空调电磁离合器；A3—自动变速器指示灯开关/倒挡灯开关/空挡起动开关；A4—左前轮 ABS 转速传感器；A5—右前轮 ABS 转速传感器；A6—左前轮空气囊传感器；A7—右前轮空气囊传感器；A8—发电机；A9—发电机；B1—倒挡灯开关；B2—制动液位警告开关；C1—凸轮轴位置传感器/点火线圈和分电器；C2—曲轴位置传感器；E1—ECT 电磁阀；E2—EFI 水温传感器；E3—发动机盖锁止开关；F1—左前位灯；F2—右前位灯；F3—左前雾灯；F4—右前雾灯；F5—左前侧转向信号灯；F6—右前侧转向信号灯；F7—左前转向信号灯；F8—右前转向信号灯；F9—前刮水器电动机；F10—熔断器；F11—熔断器

(3)电器元件的表示方法

汽车电器元件的结构比较复杂，如果直接在电路图上画出电器元件将使电路图异常复杂，也不容易看懂，因此电路图在绘制中都采用相应的符号来表示各种电器元件。目前世界各大汽车生产厂商还没有统一电路图的符号，但从汽车电路图来看，虽然符号不尽相同，但差别不大，并且电路图都有相应的说明解释，本书以丰田和大众车系列的电路图符号为例，说明用电路符号表示电器元件的方法。表 3-8-1 为丰田汽车部分电器元件符号示意图。

2. 丰田车、大众车电路图识别原则

(1)丰田汽车电路图说明

丰田车系的电路图一般都单独制作成一本独立的电路图册，图册中包括怎样使用电路图册、电路中采用的缩写词、继电器位置图、电气线路图(线束图)、各种连接器和全车电路图等内容。丰田汽车电路说明图如图 3-8-2 所示，通过对丰田汽车电路说明图的识读，可以把握丰田汽车电路图的标记特点。

表 3-8-1 丰田汽车部分电器元件符号

名称	图形符号	名称	图形符号
蓄电池	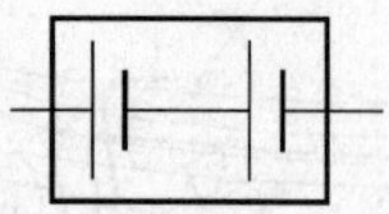	双投式继电器	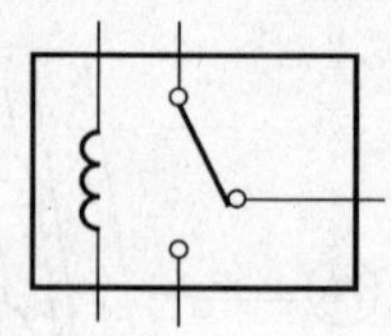
电容器	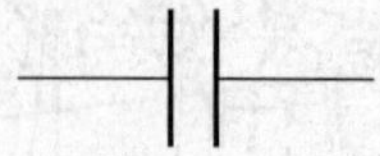	电阻	
点烟器	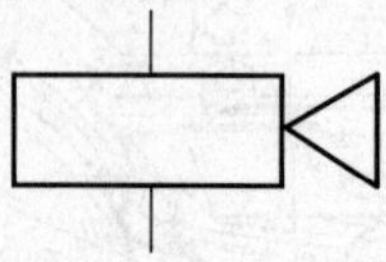	分接式电阻	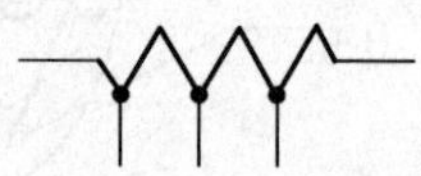
断路器		可变式电阻	
二极管	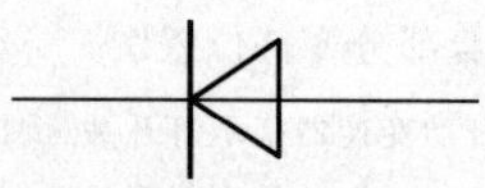	传感器(热敏电阻)	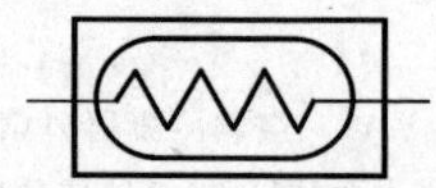

(2)大众车电路图说明

大众系列汽车电路明显区别于丰田系列汽车电路,看起来很复杂,其实具有独特的规律和特点。只有把握其规律和特点,才能正确识读。大众系列电路图简单明了,能清晰地表明电器与线路、电器与电器之间的关系。如图 3-8-3 所示。

3. 全车线路的检修与维护方法

汽车电路常见的故障有开路(断路)、短路和搭铁等。

(1)断路(图 3-8-4)。断路一般由导线折断、导线连接端松脱或接触不良等原因造成。

(2)短路(图 3-8-5)。造成短路的原因有:导线绝缘破坏,并相互接触造成短路,开关、接线盒、灯座等外接线螺丝松脱,造成线头相碰;接线时不慎,使两线头相碰;导线头碰金属部分。

(3)搭铁(图 3-8-6)。搭铁的原因:火线直接与金属机体相碰。

(4)检修故障的思路

① 熔断器及相关电路的检测

a. 直接观察:对于缠绕式、插接式、玻璃管熔丝(片或管)式保险丝拔下时可直接观察。

b. 开路检测:用万用表电阻挡或数字式万用表二极管挡直接测量熔断器是否熔断,如图 3-8-7 所示。

电动车窗电路图

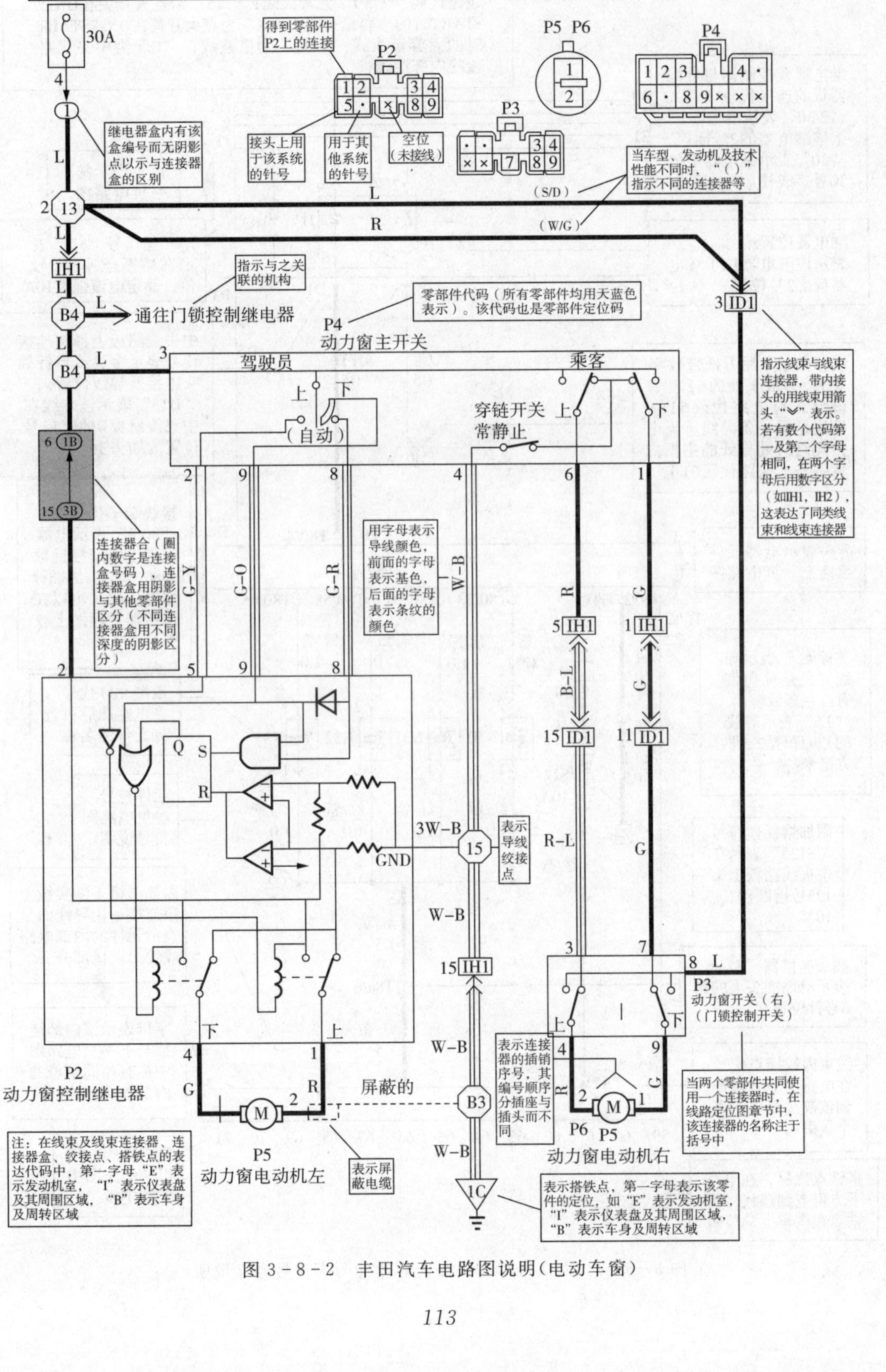

图 3-8-2　丰田汽车电路图说明（电动车窗）

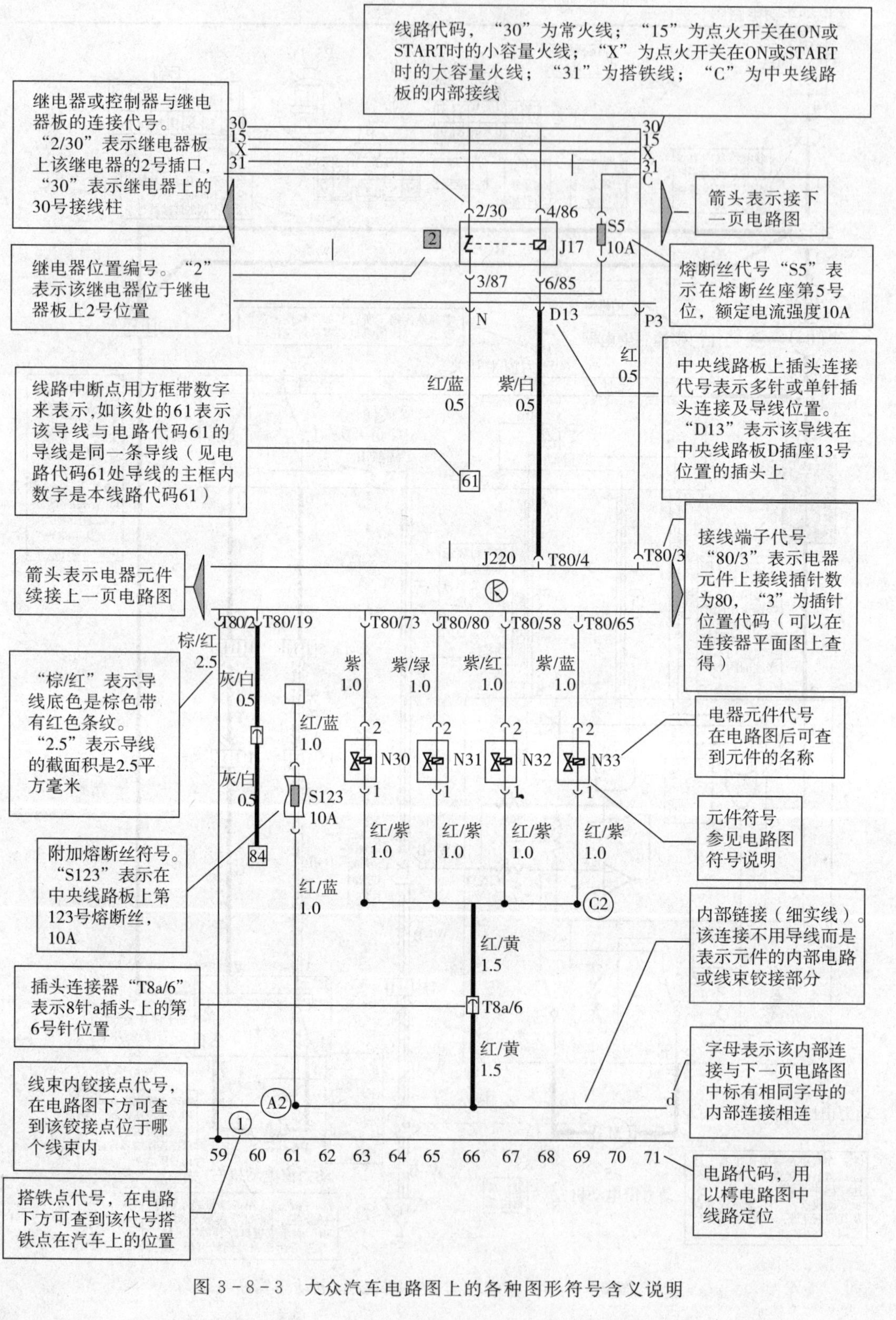

图 3-8-3　大众汽车电路图上的各种图形符号含义说明

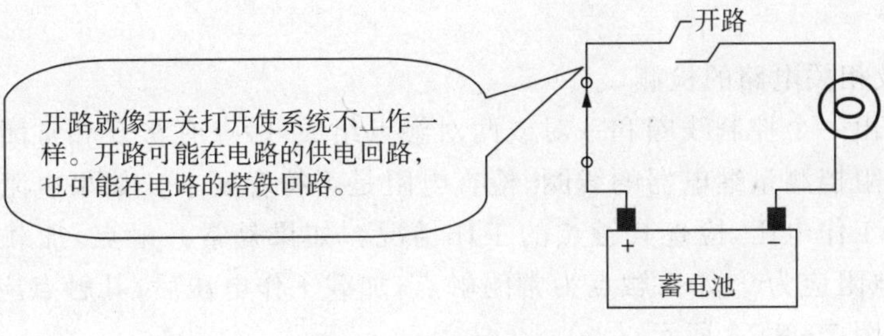

图 3-8-4　断路故障

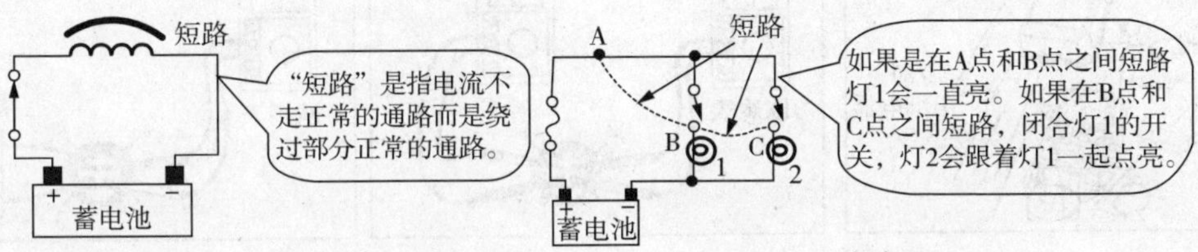

（a）　　（b）

图 3-8-5　短路故障

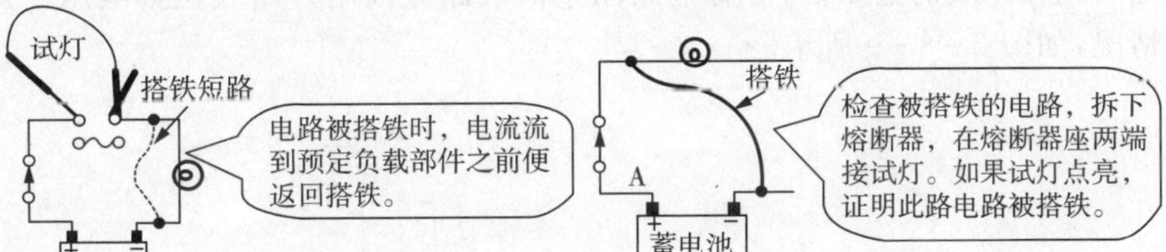

（a）　　（b）

图 3-8-6　搭铁故障

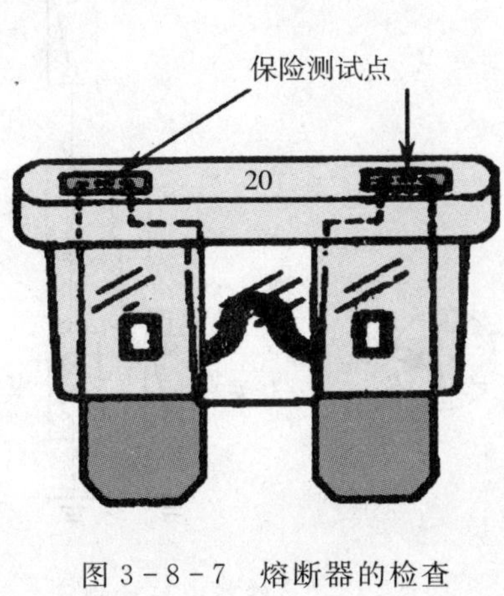

图 3-8-7　熔断器的检查

c. 加电压检测:也可用万用表直流电压挡或试灯直接测试输入和输出端是否有电压或试灯是否亮。

② 继电器及相关电路的检测

继电器一般由一个控制线圈和一对或两对触点组成,触点有常开和常闭触点之分,检查时用万用表的电阻挡测量继电器的线圈,检查电阻是否符合要求。如果电阻符合要求,再给继电器线圈加载工作电压,检查其触点的工作情况。如果是常开触点,加载工作电压后,触点应闭合,测量电阻应为0;如果触点为常闭触点,加载工作电压后,其触点应断开,测量电阻应为无穷大。如图3-8-8所示。

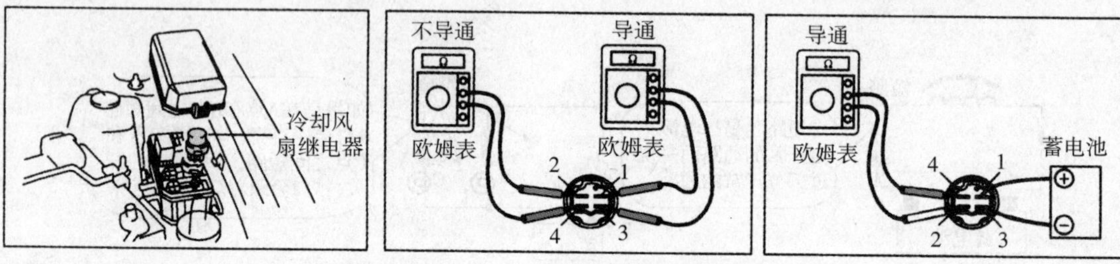

图3-8-8 继电器的检测方法

③ 线路的检查方法

一种是利用万用表的电压挡,沿着电路图中的线路分段用万用表检查电压或用试灯测试亮灭的情况,如图3-8-9所示。

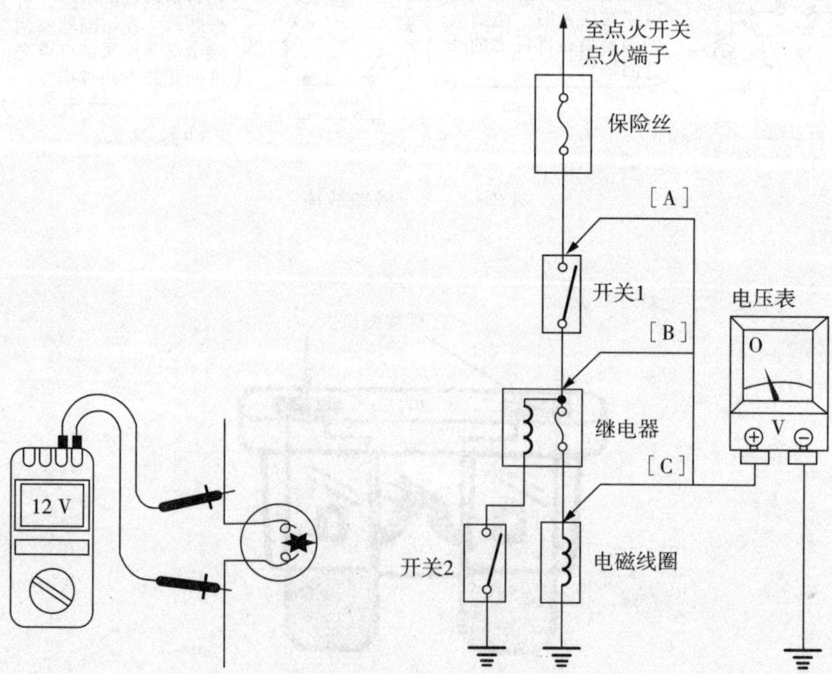

图3-8-9 线路电压检测

另一种方法是用万用表的电阻挡测量相应导线的通断程度及搭铁情况，如图 3－8－10 所示。

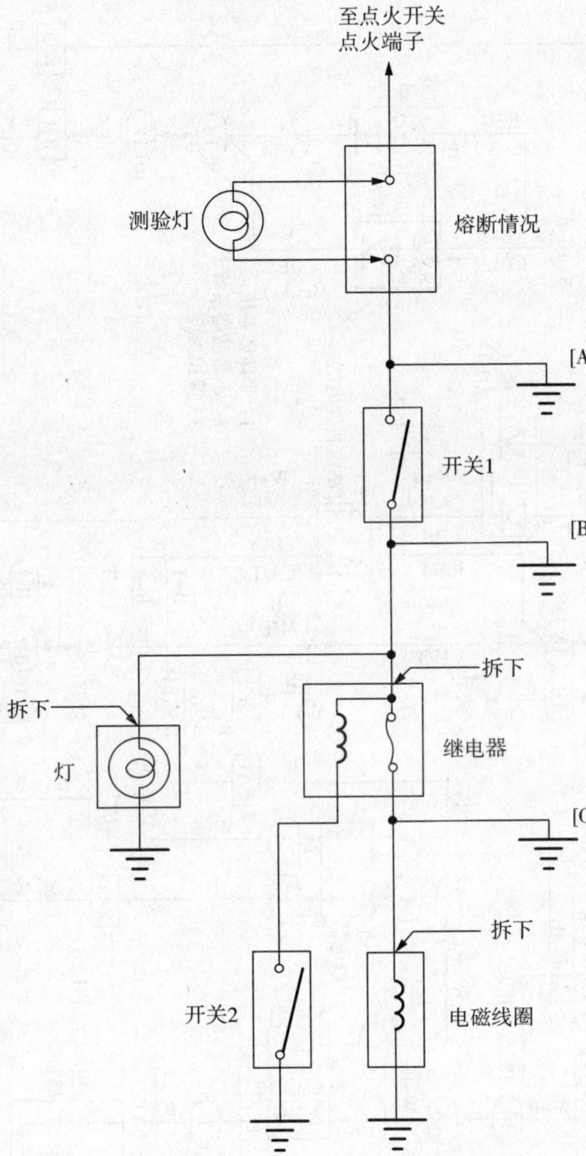

图 3－8－10　线路短路检查

四、实验技能测试

1. 根据丰田轿车电路图的识读方法，阅读电源、起动、充电系统电路图(图 3－8－11)。

2. 根据大众汽车电路图的识读原则，阅读捷达轿车电源、起动系统电路图(图 3－8－12)，同时与丰田汽车电路图进行比较。

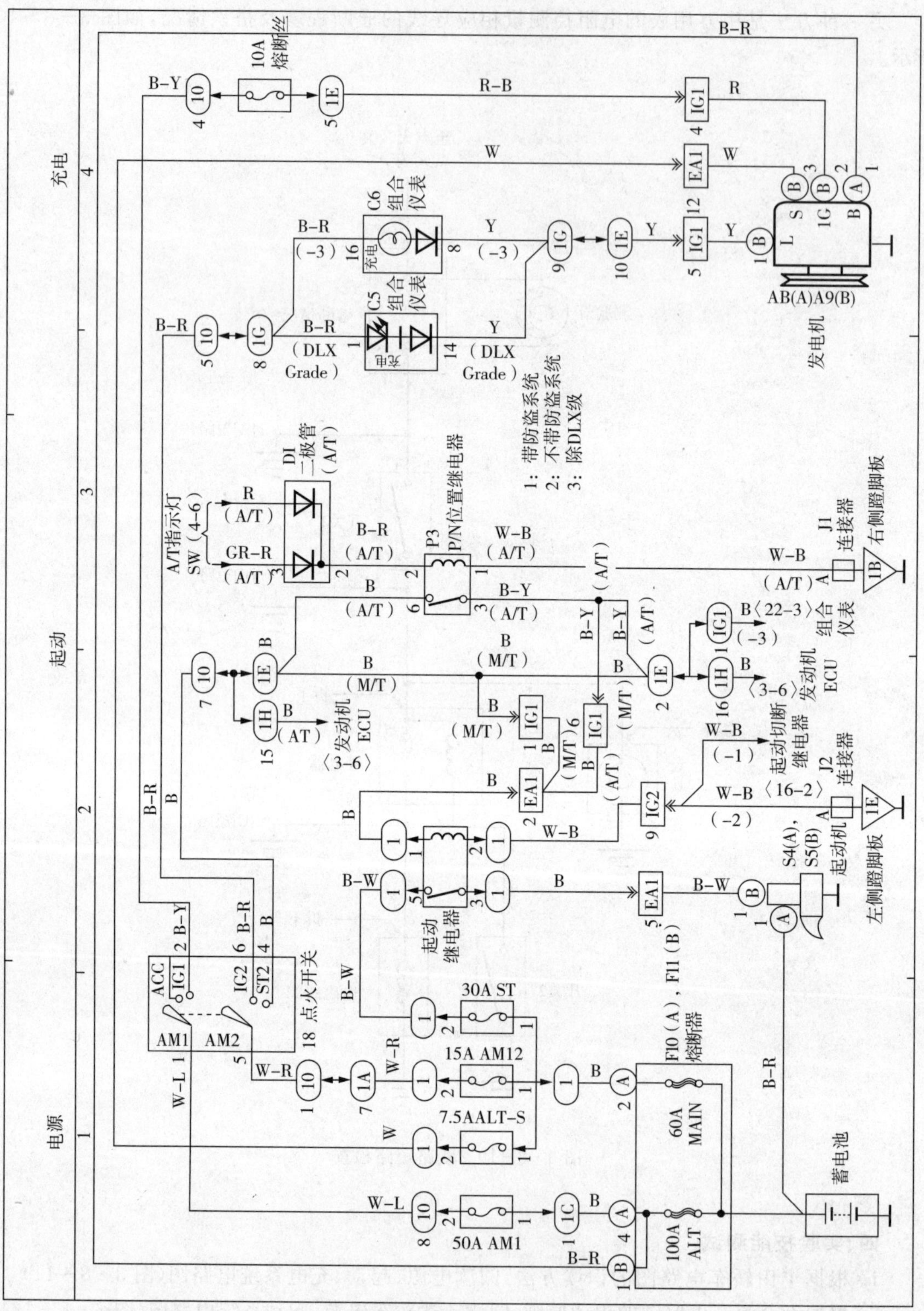

图 3-8-11 丰田电源、起动、充电系统电路图

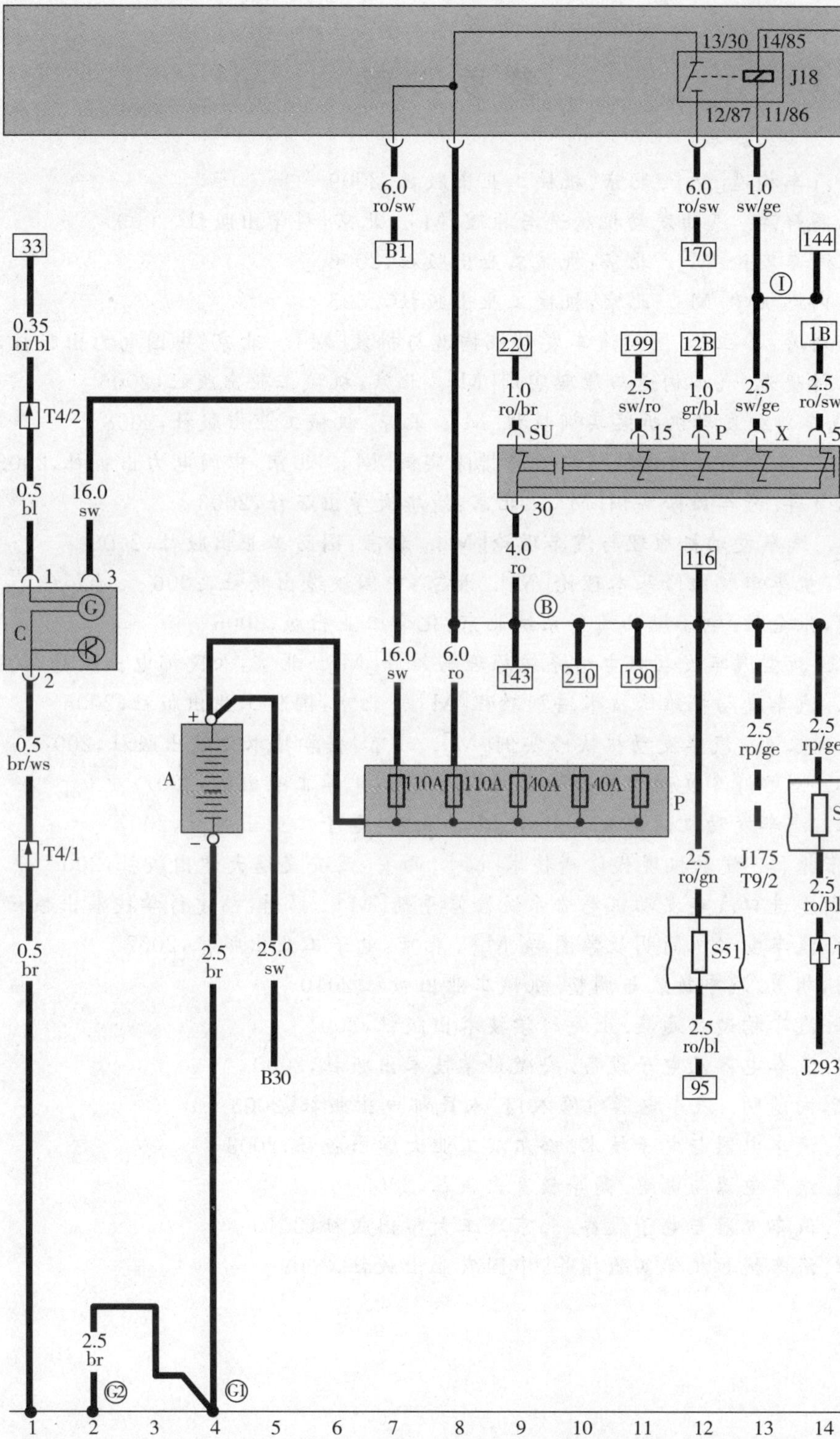

图 3－8－12　捷达电源、起动系统电路图

参考文献

[1] 陈家瑞.汽车构造[M].北京:机械工业出版社,2009

[2] 闫光辉,高鲜萍.汽油发动机构造与原理[M].北京:科学出版社,2009

[3] 余志生.汽车理论[M].北京:机械工业出版社,2006

[4] 周保龙.内燃机学[M].北京:机械工业出版社,2005

[5] 宋年秀,刘涛,姜立标.图解汽车发动机构造与拆装[M].北京:中国电力出版社,2007

[6] 蔡兴旺,付晓光.汽车构造与原理实训[M].北京:机械工业出版社,2006

[7] 李伟.汽车典型发动机拆装实训教程[M].北京:机械工业出版社,2008

[8] 华道生.汽车发动机维修技巧与故障排除实例[M].北京:中国电力出版社,2008

[9] 黄文伟,贺萍.汽车维修实训[M].北京:清华大学出版社,2003

[10] 闫大建.汽车发动机原理与汽车理论[M].北京:国防工业出版社,2008

[11] 董锡明.机车车辆维修基本理论[M].北京:中国铁道出版社,2006

[12] 王悦新,张金柱.电子燃油喷射系统北京:化学工业出版,2006

[13] 孙余凯.新型汽车发动机电喷系统原理与维修[M].北京:人民邮电出版社,2007

[14] 王玉东.汽车发动机维修技术培训教程[M].北京:国防工业出版社,2005

[15] 朱俊,肖永清.汽车发动机快修实例[M].北京:科学技术文献出版社,2007

[16] 吴文琳.图解汽车发动机构造手册[M].北京:化学工业出版,2007

[17] 林家让.汽车发动机简明教学图解[M].北京:电子工业出版社,2007

[18] 成曙,张振仁.发动机现代诊断技术[M].西安:西安交通大学出版社,2006

[19] 郭民.新型进口汽车发动机电喷系统检修手册[M].福州:福建科学技术出版社,2002

[20] 林家让.汽车发动机简明教学图解[M].北京:电子工业出版社,2007

[21] 董继明,胡勇.汽车拆装与调整.机械工业出版社 2010

[22] 刘玉海.汽车构造习题集.上海科学技术出版社,2001

[23] 王启瑞.汽车电器及电子设备.安徽科学技术出版社,2000

[24] 孙余凯,向绮明.汽车电器维修入门.人民邮电出版社,2003

[25] 李涵武.汽车电器与电子技术.哈尔滨工业大学出版社,2003

[26] 李春明.汽车电器与电路.高等教育出版社,2003

[27] 赵福堂.汽车电器与电子设备.北京理工大学出版社,2010

[28] 鲁植雄.汽车拖拉机学实验指导.中国农业出版社,2009

图书在版编目(CIP)数据

汽车(拖 拉 机)构造实验指导书/陈黎卿主编．—合肥：合肥工业大学出版社，2011.5
ISBN 978-7-5650-0467-4

Ⅰ.①汽… Ⅱ.①陈… Ⅲ.①汽车—构造②拖拉机—构造 Ⅳ.①U463②S219.03

中国版本图书馆 CIP 数据核字(2011)第 045461 号

汽车(拖 拉 机)构造实验指导书

陈黎卿 主编　　　　责任编辑 陆向军 张择瑞

出 版 合肥工业大学出版社		**版 次** 2011 年 5 月第 1 版	
地 址 合肥市屯溪路 193 号		**印 次** 2011 年 6 月第 1 次印刷	
邮 编 230009		**开 本** 787 毫米×1092 毫米 1/16	
电 话 总编室:0551—2903038		**印 张** 8	
发行部:0551—2903198		**字 数** 182 千字	
网 址 www.hfutpress.com.cn		**印 刷** 安徽江淮印务有限责任公司	
E-mail press@hfutpress.com.cn		**发 行** 全国新华书店	

ISBN 978-7-5650-0467-4　　　　定价：18.00 元